Frauke Bünde   Valérie Kunz   Nicole Laudut

# Première rencontre
# Erste Begegnung

**Guide pédagogique**
**Lehrerhandreichungen**

**Max Hueber Verlag**

# Sommaire

**page**

## Les grandes lignes de la méthode tandem

1. La conception pédagogique ___ 4
2. Les différentes phases de travail ___ 5
   - a. La formation des tandems ___ 5
   - b. La phase de préparation ___ 6
   - c. La phase de présentation ___ 6
3. Spécificité de la méthode ___ 8
   - a. Le nouveau rôle des enseignants ___ 8
   - b. L'apprentissage de la civilisation ___ 8
   - c. L'apprentissage de la grammaire ___ 9
   - d. L'hétérogénéité du groupe : un problème ? ___ 9

## Première rencontre  Erste Begegnung

1. Le dossier ___ 10
   - a. La composition ___ 10
   - b. Les thèmes ___ 10
   - c. Le public ciblé ___ 10
2. Les fiches ___ 10
   - a. Pourquoi des fiches ? ___ 10
   - b. Description générale des fiches ___ 10
   - c. Plan d'une fiche ___ 11
   - d. La progression à l'intérieur d'une fiche ___ 11
3. Règles et conseils d'utilisation ___ 11
   - a. Quel côté de la fiche pour qui ? ___ 11
   - b. Par quelle langue commencer ? ___ 12
   - c. Utilisation des deux langues ___ 12
   - d. Une fiche par séance ? ___ 12
   - e. Le travail à la maison ___ 12

## De fiche en fiche : remarques concrètes d'utilisation des fiches

Fiche / Bogen 1 ___ 14
Compte-rendu détaillé d'une première séance ___ 16
Fiche / Bogen 2 ___ 22
Fiche / Bogen 3 ___ 24
Fiche / Bogen 4 ___ 26
Fiche / Bogen 5 ___ 28
Fiche / Bogen 6 ___ 30
Fiche / Bogen 7 ___ 32
Fiche / Bogen 8 ___ 34
Fiche / Bogen 9 ___ 36
Fiche / Bogen 10 ___ 38
Fiche / Bogen 11 ___ 40

## Documents annexés

1. Exemples de formation de tandems ___ 82
2. Règles du jeu / Spielregeln ___ 85
3. Résultats d'un tandem : deux exemples ___ 86
4. Programme d'une rencontre tandem élèves entre Vittel et Badenweiler le 15 avril 1997 ___ 87
5. Interlocuteurs et informations utiles ___ 88

# Inhalt

**Seite**

## Die Tandem-Methode im Überblick

1. Pädagogische Konzeption _____ 42
2. Die verschiedenen Arbeitsphasen _____ 43
   a. Tandem-Bildung _____ 43
   b. Erarbeitungsphase _____ 44
   c. Präsentationsphase _____ 44
3. Die Besonderheiten der Tandem-Methode _____ 45
   a. Die neue Rolle der Lehrenden _____ 45
   b. Vermittlung der Landeskunde _____ 46
   c. Vermittlung der Grammatik _____ 47
   d. Heterogene Lernergruppen: ein Problem? _____ 47

## Première rencontre  Erste Begegnung

1. Das Dossier _____ 48
   a. Aufbau _____ 48
   b. Themen _____ 48
   c. Zielgruppen _____ 48
2. Die Lernbögen _____ 48
   a. Warum Lernbögen? _____ 48
   b. Allgemeine Beschreibung _____ 49
   c. Aufbau eines Lernbogens _____ 49
   d. Progression innerhalb eines Lernbogens _____ 49
3. Regeln und Anwendungshinweise _____ 50
   a. Wer arbeitet mit welcher Seite des Lernbogens? _____ 50
   b. Welche Sprache beginnt? _____ 50
   c. Der Umgang mit den beiden Sprachen _____ 50
   d. Ein Lernbogen pro Tandem-Begegnung? _____ 50
   e. Hausaufgaben _____ 50

## Von Bogen zu Bogen: konkrete Hinweise zum Gebrauch der Lernbögen

Bogen / fiche 1 _____ 52
Protokoll einer ersten Tandem-Begegnung _____ 54
Bogen / fiche 2 _____ 60
Bogen / fiche 3 _____ 62
Bogen / fiche 4 _____ 64
Bogen / fiche 5 _____ 66
Bogen / fiche 6 _____ 68
Bogen / fiche 7 _____ 70
Bogen / fiche 8 _____ 72
Bogen / fiche 9 _____ 74
Bogen / fiche 10 _____ 76
Bogen / fiche 11 _____ 78

## Zusatzmaterialien

1. Vorschläge für Tandem-Bildungen _____ 82
2. Spielregeln / Règles du jeu _____ 85
3. Ergebnisse eines Tandems: zwei Beispiele _____ 86
4. Programm einer Schüler-Tandem-Begegnung
   zwischen Badenweiler und Vittel am 15.4.1997 _____ 87
5. Ansprechpartner und nützliche Informationen _____ 88

# Les grandes lignes de la méthode tandem

**2** participant(e)s
langues
enseignant(e)s

## 1. La conception pédagogique

La méthode tandem est avant tout une pédagogie de la rencontre : deux personnes d'appartenance linguistique distincte s'associent pour apprendre la langue de l'autre. Dans un cours tandem on utilise toujours deux langues, selon le principe : « Parle la langue de ton/ta partenaire. » Les cours tandem sont donc toujours bilingues. Le bilinguisme des cours ou rencontres tandem doit être garanti par la présence de deux enseignants, locuteurs natifs pour chacune des deux langues enseignées.

Un tandem est composé de deux apprenants de langue maternelle différente qui, le temps d'une séance, vont travailler ensemble. Chacun de ces deux apprenants sera à tour de rôle enseignant (de son partenaire) lorsque le travail se fait dans sa langue maternelle et apprenant (grâce à son partenaire) lorsque le travail se fait dans la langue étrangère.
C'est donc ensemble que les deux participants déterminent le rythme personnel de leur progression dans un cadre défini par l'enseignant : Il s'agit là d'un véritable apprentissage « à la carte », puisque chaque participant progresse en fonction de ses besoins personnels et de son niveau.

L'apprentissage en tandem, c'est :

- une pédagogie de la rencontre
- un apprentissage à deux
- un apprentissage bilingue et interculturel
- un apprentissage autonome
- un apprentissage authentique « sur le terrain »
- un apprentissage à la carte
- une pédagogie centrée sur l'apprenant
- un apprentissage encadré par deux enseignants qualifiés

La méthode tandem est une méthode optimiste et encourageante : elle privilégie la spontanéité et l'authenticité de l'expression et donne une priorité absolue à la communication. L'apprenant prend lors de chaque rencontre tandem un bain linguistique et culturel, on peut dire qu'il s'immerge dans la nouvelle langue. Les productions linguistiques et les échanges culturels sont d'une très grande valeur puisqu'ils sont toujours authentiques. Le plaisir de la rencontre et de la découverte du partenaire élimine très vite la peur de s'exprimer. La curiosité est en éveil et ne laisse aucune place à la gêne. Le rêve de chaque enseignant se réalise lors de chaque rencontre tandem : travailler avec des participants motivés, autonomes et heureux. Quelle surprise de voir dès les premières rencontres tandem des participants que l'on pensait « réservés » devenir « bavards ». Il est très encourageant de constater que cette atmosphère détendue se maintient lors des autres rencontres et qu'elle est donc inhérente à la méthode de travail en tandem.

La méthode tandem propose un apprentissage vivant et convivial dans un contexte de rencontre directe. Les cours tandem sont des cours très joyeux et très enrichissants, où la gêne n'a pas le temps de s'installer. Le succès de cette méthode est dû surtout au fait que toutes les conditions idéales d'apprentissage sont ici réunies : curiosité, motivation, autonomie et plaisir.

## 2. Les différentes phases de travail

- La formation des tandems
- La phase de préparation
- La phase de présentation

Ces trois phases sont constitutives de chaque rencontre tandem.

### a. La formation des tandems

Comment constituer les équipes de travail ? En général, c'est le hasard qui décide. Les enseignants remettent à chaque participant une carte. Chaque participant, muni de sa carte, part alors à la recherche de son partenaire lequel est en possession de la carte correspondante :

exemple 1 : un dessin coupé en deux

exemple 2 : une expression et son équivalent dans l'autre langue

*simple comme bonjour*

*kinderleicht*

En cas de disparité numérique on peut former un ou plusieurs tridems, c'est à dire des équipes de travail constitués de trois apprenants.

On peut utiliser toute sorte de matériel (cartes postales, textes tronqués, dessin/texte, jeux etc.). Il est judicieux d'adapter le matériel au sujet traité dans le cours. (Cf. Documents annexés 1., pages 82–84)

Les tandems vont ensuite s'installer à une table. Les tandems ne devraient pas, dans la mesure du possible, être assis trop près les uns des autres pour ne pas se déranger dans leur travail.

### b. La phase de préparation (en tandem)

Les tandems travaillent maintenant ensemble sur une fiche du dossier. Le travail doit se faire d'abord dans une langue, puis dans l'autre. C'est pendant cette phase de travail que les éléments essentiels propres à la méthode tandem apparaissent :

- la coopération
- la concentration des participants
- l'authenticité de la communication
- l'autonomie des apprenants
- l'atmosphère de travail détendue
- le comportement modifié de l'enseignant

Le travail en tandem repose sur le principe de l'entraide : le participant allemand aide son partenaire lorsque le travail se fait en allemand et le participant français aide son partenaire lorsque le travail se fait en français.

La coopération et l'entraide constituent donc le principe de base de tout travail en tandem. La relation sociale qui s'établit là est fondamentale : chaque apprenant est en effet impliqué dans la progression de son partenaire et se trouve ainsi en partie responsable des progrès de ce dernier.

Pendant cette phase, les enseignants restent en retrait et n'interviennent qu'en cas de besoin. Ils doivent en effet déléguer une partie de leurs responsablités aux apprenants eux-mêmes.
Ils doivent aussi veiller à une utilisation successive des deux langues (l'une après l'autre et non l'une et l'autre en même temps !) et penser à signaler le changement de langue (cf. Le nouveau rôle des enseignants, page 8).
En général, la durée de travail dans une langue est de 15 à 20 minutes environ.

### c. La phase de présentation (en plenum)

Après le travail en tandem, tous les participants se regroupent (formation en U ou en cercle) pour assister à la présentation des résultats. Chaque tandem expose alors les résultats de son travail.
La règle d'utilisation des langues est la même que pour la phase de préparation : les différentes séquences de présentation doivent être **unilingues.** Les résultats peuvent être présentés dans une langue puis dans l'autre mais jamais dans les deux langues à la fois. Un tandem ne devrait **jamais mélanger les langues**. Dans le cas d'un jeu de rôle : chaque tandem joue la scène une fois en allemand et une autre fois en français. Au changement de langue doit correspondre un changement de rôle.

Si le groupe est très important, par exemple lors d'une rencontre « villes jumelées », les tandems ne présentent qu'un aspect de leur travail, pour ne pas lasser l'auditoire ou pour permettre à chacun de présenter au moins une partie de ses résultats.

Exemple de consignes pour introduire une présentation plus succinte :

> « Vous avez deux minutes pour présenter votre travail. »
> « Qu'est-ce qui vous a paru le plus intéressant... »
> « Qu'avez-vous appris de vraiment nouveau sur... »
> « Alors, qu'avez-vous décidé ? »

Les avantages de cette phase de travail sont manifestes :
- Elle permet tout d'abord aux différents tandems de reprendre contact avec le groupe. Ils découvrent ici le travail effectué par les autres et cette découverte s'accompagne toujours de nombreux commentaires et rires. C'est là que l'échange interculturel spécifique à cette méthode apparaît le mieux. Cette phase est donc un élément indispensable à la dynamique du groupe.
- Le plenum aide en outre les participants à acquérir une grande aisance à l'oral. La confrontation réelle à une autre langue/culture est toujours un apprentissage de la tolérance et cette tolérance s'exerce aussi vis à vis de la faute, celle de l'autre et la mienne. La peur de la faute surmontée, le plaisir de parler la langue étrangère peut s'installer. Et ce plaisir d'apprendre, cette joie qui accompagnent toutes les rencontres tandem sont les garants du succès de la méthode tandem.
- Activité de transfert, le plenum constitue aussi un travail de révision et d'approfondissement et donc un rappel et une consolidation des acquis.
- Véritable table ronde, il permet aussi aux participants de « vivre » la langue en direct. Cet effet ne peut être atteint que par la mise en présence de locuteurs natifs des deux communautés.
- Le plenum permet en même temps aux enseignants d'exercer un certain « contrôle » sur le travail effectué par les tandems pendant la phase de préparation et d'estimer ainsi le niveau et la progression de chaque participant.

Le plenum est indispensable après l'activité finale de chaque fiche du dossier. Il s'agit ici de l'activité principale de la fiche à laquelle ont préparé toutes les autres activités.
Le plenum reste facultatif après les activités d'introduction (premières activités des fiches du dossier). Lorsqu'il n'a pas lieu, les enseignants peuvent rapidement rassembler avec le groupe les résultats pour noter au tableau les éléments nécessaires à la bonne poursuite du travail (sous forme de filets à mots ou de tableaux récapitulatifs bilingues). Une séance de cours tandem doit donc compter au minimum une phase de présentation.

A la fin de la phase de présentation on peut envisager de reprendre rapidement, en vue d'un approfondissement, certains éléments du travail présenté, par exemple pour corriger une faute trop souvent entendue ou pour systématiser l'utilisation des structures récemment acquises.
Cette phase d'approfondissement est facultative et doit être adaptée « sur le vif » aux attentes ou besoins de chaque groupe d'apprenants.
Ce dialogue enseignants-apprenants, ne doit en aucun cas déboucher sur un cours magistral, l'interaction apprenants-apprenants étant toujours à privilégier.

## 3. Spécificité de la méthode

### a. Le nouveau rôle des enseignants

Les enseignant(e)s :
- fixent le cadre de l'apprentissage
- animent les échanges
- observent
- interviennent en cas de besoin
- conseillent
- doivent savoir se montrer discrets
- veillent à l'utilisation paritaire des deux langues

Les enseignants tandem définissent et fixent le cadre de l'apprentissage. Ils créent un environnement favorable à cet apprentissage (préparation du matériel, motivation, modération etc.).

Pendant la phase de préparation, les enseignants observent, conseillent, accompagnent les participants dans leur apprentissage autonome et interviennent en cas de besoin. Tout en gardant la responsabilité globale du projet pédagogique, ils laissent les tandems décider de l'orientation personnelle de leur apprentissage. Les enseignants tandem doivent absolument mettre à profit la compétence linguistique de leurs apprenants et savoir se montrer discrets. Ils doivent déléguer une partie de leur responsabilité et de leur autorité aux participants, puisque chaque participant est, lorsque le travail se fait dans sa langue maternelle, lui aussi compétent. Cette compétence partagée entre enseignants et participants contribue pour une grande part à l'atmosphère très détendue des cours et au plaisir des apprenants à s'exprimer dans la langue étrangère.

Cependant le fait de parler couramment une langue n'implique ni connaissance théorique du système de cette langue ni savoir-faire pédagogique. C'est pourquoi les enseignants doivent toujours veiller au bon fonctionnement de chaque tandem, par exemple ils doivent aider un participant en peine d'enseignement. Le rôle des enseignants est très important : c'est à eux de donner en dernier recours les explications que le tandem n'aura pas pu trouver seul pour lui permettre ainsi de poursuivre sa route.

Ils doivent aussi – et ceci est d'une importance primordiale – amener chaque apprenant à adopter un comportement pédagogique, c'est à dire à aider, encourager, corriger le partenaire, l'exhorter à faire lui même le travail. Trop aider son partenaire c'est aussi le freiner dans sa progression.

Pendant la phase de présentation, les enseignants doivent se montrer très indulgents vis à vis de la faute selon un principe essentiel de la communication : « C'est ce que tu dis qui m'intéresse, et non la faute que tu auras pu faire en le disant ». La reprise des « fautes » ne doit donc en aucun cas interrompre la communication. Cette correction est d'ailleurs souvent assurée par les participants eux-mêmes, avec délicatesse à la forme interrogative et c'est bien mieux ainsi.

La phase de présentation fait appel en outre aux qualités d'animateur des enseignants (sens de l'observation, sens de la répartie, don d'improvisation, humour etc.). C'est eux qui engagent la présentation, motivent les participants, relancent le débat etc.

Les enseignants tandem doivent garantir une utilisation paritaire des deux langues. Les participants eux-mêmes y veillent jalousement. Les enseignants doivent assurer le maintien du bilinguisme, notamment en signalant le changement de langue, en traduisant ou faisant traduire les différentes interventions (consignes, commentaires, explications etc.)

L'enseignant français parle français et l'enseignant allemand parle allemand quand ils s'adressent au groupe entier.

### b. L'apprentissage de la civilisation

Les fiches du dossier constituent une première impulsion qui doit déboucher sur une véritable « explosion » d'informations et de connaissances.

Apprendre en tandem c'est apprendre en compagnie d'un locuteur natif, c'est donc apprendre une langue en la vivant directement. Le partenaire fonctionne donc ici comme un « document authentique » idéal. C'est lui qui apporte les premières informations relatives à son pays, sa culture et sa langue. Il est à la source de l'apprentissage interculturel.

Ces rencontres interculturelles conduisent à une révision et à une modification des préjugés et des clichés. La rencontre réelle avec une autre langue et une autre culture est toujours synonyme d'enrichissement et contribue à une meilleure compréhension de l'autre et de soi-même.

Les enseignants doivent bien sûr fournir le matériel supplémentaire, adapté aux besoins de chaque groupe en fonction des objectifs du cours (prospectus, plans, textes etc.). Ils doivent aussi faire participer les apprenants à la recherche de ce matériel, ce qui permet de disposer de documents authentiques très variés et de renforcer la motivation des participants qui se trouvent impliqués dès le début dans l'échange interculturel.

### c. *L'apprentissage de la grammaire*

On ne peut envisager, dans un tel contexte d'apprentissage, un enseignement traditionnel de la grammaire. Rappelons ici que l'objectif premier d'une rencontre ou d'un cours tandem est le perfectionnement de la compétence linguistique et l'utilisation directe des acquis dans un contexte authentique de rencontre et de découverte de l'autre.
Le bilinguisme inhérent à la méthode tandem invite à une approche comparative des structures des deux langues. L'avantage du bilinguisme est évident : les participants comparent d'eux-mêmes le système des deux langues et la constatation des différences « Oh, chez nous on dit... » ou des ressemblances « Tiens, on dit pareil... » a toujours un effet bénéfique pour la prise de conscience et la mémorisation des structures de la langue étrangère.
N'oublions surtout pas que les points de grammaire que nous abordons sont en général connus des participants qui ne sont pas des débutants. Il s'agit ici seulement d'un moment « rappel grammatical » (cf. Plan d'une fiche, page 11).

### d. *L'hétérogénéité du groupe : un problème ?*

A la différence d'un cours unilingue traditionnel où l'enseignant se voit contraint de s'adresser à un groupe entier, se référant ainsi à un niveau homogène imaginaire, le partenaire/enseignant d'un cours tandem part toujours d'un niveau précis, individuel et réel, qui est celui de son partenaire / apprenant du moment. La communication dans un cours tandem s'établit toujours entre deux participants concrets et non comme dans un cours traditionnel entre une personne et un groupe.

Pendant la phase de préparation, phase qui correspond en quelque sorte à un cours particulier, le problème ne se pose pas, puisque chaque apprenant effectue son travail en partant de son propre niveau auquel doit s'adapter le partenaire qui joue le rôle du « professeur ». Ici la compétence linguistique de chaque participant garantit l'équilibre du travail. Pour un tandem aux connaissances « inégales », on constatera seulement lors de la phase de présentation que les résultats du sujet traité par l'apprenant plus avancé seront tout simplement plus élaborés que ceux de son partenaire (cf. Documents annexés 3., page 86).
Cela n'a toutefois aucune influence sur le travail individuel de chaque participant : à chacun son niveau mais toujours avec l'aide de l'autre !

Au moment de la phase de présentation, le participant n'est jamais seul puisqu'il peut à tout moment compter sur son partenaire, lequel traduit, explique, joue le rôle d'un interprète, ce qui permet aux participants de niveau moins avancé de suivre la présentation ou la discussion qui s'ensuit. Il s'agit ici bien sûr d'une compréhension globale. Comme lors d'un séjour à l'étranger, même si je ne comprends pas chaque mot, je profite tout de même du bain linguistique.

# Première rencontre  Erste Begegnung

## 1. Le dossier

### a. La composition

Le dossier *Première rencontre Erste Begegnung* est composé de onze fiches de travail bilingues. Il représente l'aboutissement de plusieurs années de réflexion et d'expérimentation. La qualité pédagogique de ce matériel a été testée dans de nombreux cours tandem.

La fiche constitue une première approche d'un thème. Son degré de généralité doit être préservé de façon à permettre son utilisation dans de nombreuses situations d'apprentissage (par exemple une fiche préfabriquée sur les deux villes jumelées Boulogne-Zweibrücken ne présenterait aucun intérêt pour des participants marseillais et hambourgeois). C'est aux enseignants et aux participants de réunir le matériel supplémentaire nécessaire en fonction des données concrètes du cours.

### b. Les thèmes

Nous avons retenu pour ce dossier *Première rencontre Erste Begegnung* des thèmes d'intérêt général, sujets de conversation classiques des premières rencontres. Apprendre en tandem, c'est apprendre sur le terrain, comme lors d'un mini-séjour à l'étranger. Que se racontent un Français et un Allemand lorsqu'ils se rencontrent pour la première fois ? Eh bien, ils ne manqueront pas de parler de leur famille, de leur ville, de leur travail et puis plus tard de leur quotidien, de leurs rêves etc.
L'originalité de ce dossier réside donc moins dans les sujets traités que dans la façon d'aborder et de traiter chaque sujet.

### c. Le public ciblé

Les fiches de travail du dossier *Première rencontre Erste Begegnung* s'adressent à toute personne (adultes, scolaires, groupes professionnels etc.) désireuse de mettre en pratique et d'améliorer ses connaissances de la langue étrangère, dans une situation de communication authentique avec un locuteur natif.
Les différentes activités sont adaptables à tous les niveaux, à partir du niveau « faux-débutant » jusqu'au niveau « avancé ». Il est clair cependant que les résultats de l'activité finale plus complexe varieront beaucoup en fonction du niveau des participants (cf. Documents annexés 3., page 86).

## 2. Les fiches

### a. Pourquoi des fiches ?

La spécificité de la méthode tandem exige un matériel adaptable aux besoins particuliers de chaque groupe d'apprenants. C'est en accord avec le groupe que les enseignants fixent l'ordre d'utilisation des fiches : chaque fiche est utilisable de façon isolée (reflet de l'autonomie de l'apprenant tandem). De plus, la progression individuelle, visualisée par la fiche, est au centre de l'apprentissage en tandem et non la progression commune, mieux soutenue par un manuel traditionnel.
En outre, la fiche accentue et visualise le bilinguisme de la méthode (recto / verso – allemand / français).

### b. Description générale des fiches

Les activités proposées dans les deux langues sont parfois identiques, d'autres fois seulement semblables ou complémentaires.
La numérotation des fiches (de 1 à 11) ne correspond pas à une progression à l'intérieur du dossier.

Elle a été retenue uniquement pour des raisons de commodité.

L'ordre d'utilisation des fiches pourra donc être fixé en fonction des besoins ou des intérêts du groupe, de l'époque de l'année (par exemple, on peut choisir de travailler sur la fiche *Bonnes vacances ! / Schöne Ferien !* à la veille des grandes vacances ou sur la fiche *De ville en ville / Von Stadt zu Stadt* avant une excursion dans la ville du partenaire).

Seule la fiche 1 (pour faire connaissance) doit être utilisée lors de la toute première rencontre.
(Cf. Compte rendu détaillé d'une première séance, page 16ff.)

### c. *Plan d'une fiche*

- l'idée du jour
  Adaptée au sujet de la fiche, elle constitue une première approche du thème choisi. Empruntée au répertoire culturel allemand ou français, elle se veut aussi reflet d'une pensée ou d'un mode de vie, elle invite à la réflexion, à la comparaison, elle prête à sourire... elle doit rester légère. Elle s'adresse au groupe entier. Elle peut être traduite, commentée, critiquée, complétée. Elle peut être aussi projetée au mur ou écrite au tableau et accompagne toute la séance. Elle est donnée en général en V.O.

- les activités
  Chaque fiche présente un nombre variable d'activités. Les premières activités constituent des activités d'introduction (le plus souvent sous forme de recherche de vocabulaire) et préparent à l'activité finale de transfert, plus complexe.

- un rappel grammatical
  Introduit par la formule **Comparez ! / Vergleicht!**, il cherche à amener le participant à réfléchir sur la langue de son partenaire et à prendre conscience des ressemblances ou différences entre les deux langues. Elle anticipe un problème qui peut-être se posera. Elle est donc simplement mise à la disposition des participants et reste facultative.

- le coin-récré
  Placé dans le bas de chaque fiche, il contient des jeux, histoires drôles, énigmes...
  Cette activité devrait être « abandonnée » aux participants :
  « A la récré, je fais ce que je veux. Ici aussi ! »
  Le *coin-récré* peut néanmoins inviter à la conversation.

- Les consignes
  Chaque fiche contient des consignes de travail claires et précises qui doivent cependant être relues avec les participants. L'enseignant peut ainsi s'assurer qu'elles ont été bien comprises.

### d. *La progression à l'intérieur d'une fiche*

A l'intérieur de chaque fiche, nous avons suivi une progression régulière : du plus simple (recherche de vocabulaire) au plus complexe (créativité, production autonome d'un texte). Cette progression interne permet donc l'utilisation des fiches avec des groupes de niveau très différent et une gestion plus aisée des différences de niveau à l'intérieur d'un même groupe.

## 3. Règles et conseils d'utilisation

### a. *Quel côté de la fiche pour qui ?*

Le participant français apprend sur le côté allemand (Bogen).
Le participant allemand apprend sur le côté français (fiche).
Mais attention ! Quand le travail est effectué en allemand, les deux partenaires d'un tandem travaillent sur le côté allemand de la fiche (Bogen) et lorsque la langue de travail est le français, ils travaillent sur le côté français de la fiche (fiche).

### b. Par quelle langue commencer ?

On peut ici envisager plusieurs cas de figures :
- En général, c'est l'enseignant qui fixe la langue dans laquelle les tandems commenceront à travailler. Dans ce cas, il doit penser, lors de la séance suivante, à commencer par l'autre langue.
- Dans le cas d'une rencontre ou d'un échange, il est conseillé de commencer le travail dans la langue du groupe invité. Petite délicatesse.
- La conception de la fiche implique le choix d'une langue au départ.
Par exemple, pour ce qui concerne l'activité 1 de la fiche 2 *Loisirs - plaisirs / Freizeit - Vergnügen*, il est recommandé de commencer par le Bogen (recherche de vocabulaire) et de passer ensuite à la fiche (classement du vocabulaire). La langue de départ sera donc pour cette fiche l'allemand.

### c. Utilisation des deux langues

- Utilisation paritaire
Les deux langues doivent être utilisées dans la même proportion. Les séquences de travail dans une langue doivent donc être de même durée.
- Pas de mélange de langues
Il faut insister sur le fait que le travail en tandem est plus profitable lorsque le tandem ne parle que dans une langue à la fois. Il s'agit pour l'apprenant de prendre un « bain de langue ». La consigne « Commencez dans une seule langue et restez dans cette langue ! » doit être souvent réitérée, car elle est d'une importance capitale.

### d. Une fiche par séance ?

Un cours tandem dure en règle générale au minimum deux heures. La durée de travail sur une fiche dépend de plusieurs facteurs :

- du groupe :  - niveau
  - dynamique
  - composition des tandems
  - attentes, objectifs
- de la fiche :  - nombre et ampleur des activités proposées
  - complexité des sujets
  - prolongements possibles

Il faut donc prévoir au moins un semestre de travail sur le dossier *Première rencontre Erste Begegnung*, car la pédagogie tandem impose des activités d'accompagnement (sorties, excursions, visites etc.) à organiser avec la participation des apprenants.

### e. Le travail à la maison

Les devoirs à la maison sont à concevoir en fonction des données immédiates du cours. Ceci exige de la part des enseignants une grande flexibilité et beaucoup d'esprit d'à-propos. Nous avons dans certains cas proposé quelques pistes à suivre. En règle générale, on peut faire corriger les devoirs par le partenaire lors du cours suivant.

# De fiche en fiche :
# remarques concrètes d'utilisation des fiches

# On se connaît ? / Kennen wir uns?

| | |
|---|---|
| Objectifs : | établir un premier contact, faire connaissance |
| | parler de soi et d'une autre personne |
| | parler de sa famille, de ses goûts, de son travail… |
| Activités : | dessiner |
| | dialogue et interview |
| Structures : | être, avoir, faire, aimer / sein, haben, machen, mögen |
| | aimer + article défini / aimer + infinitif |
| | le déterminant possessif |
| Vocabulaire : | la famille |
| | passe-temps et sports |

### Information générale

La première séance a une importance toute particulière : les participants ne se connaissent pas encore et la gêne ne doit pas avoir le temps de s'installer. Il est donc très important de provoquer de nombreuses interactions entre les membres du groupe.

Objectifs prioritaires de la toute première rencontre :
- familiariser les participants avec la méthode
- mettre en place une dynamique de groupe
- supprimer la gêne en instaurant une atmosphère détendue
- évaluer le niveau du groupe

Pour souligner l'importance de cette toute première rencontre, nous annexons le compte-rendu authentique d'une première séance de cours tandem (cf. page 16). Les remarques, les étonnements qu'il contient nous paraissent particulièrement importants, car ils traduisent le dépaysement et aussi l'enthousiasme de l'enseignante-observatrice face à cette nouvelle méthode.
Rappelons-le : il faut absolument dire adieu aux anciens principes et comportements pédagogiques.

### Déroulement de la séance

Pour les détails, se reporter au compte-rendu annexé (page 16).

Formation des tandems

**1  2  3        1  2  3**

L'utilisation de cartes de deux couleurs numérotées (une couleur par groupe linguistique) présente l'avantage de pouvoir s'adapter rapidement sur place au nombre des participants, nombre qui n'est pas toujours connu au départ.

L'idée du jour
Attirer l'attention des participants sur l'idée du jour qui a pour but de rappeler le principe fondamental du travail en tandem, principe qu'il est bon au début de répéter souvent. C'est la seule idée du jour du dossier donnée dans les deux langues, car il s'agit de mettre ici l'accent sur la valeur informative de cette idée qui invite non pas à un commentaire mais à une application immédiate.

« *Et surtout n'oublie pas : A deux, ça va bien mieux !* »

„ *Und denke d'ran: Zu zweit geht's viel besser!* "

### 1 Fiche = Bogen
### Dessin

Cette activité dessin présente de multiples avantages :
- elle détend l'atmosphère (aspect ludique)
- le participant n'est pas obligé de parler tout de suite de lui
- elle est de courte durée (spontanéité)
- elle fait appel à la créativité des participants (cf. compte-rendu annexé)

### 2 Fiche = Bogen
### Parler de soi et de l'autre
### Interview

Les aides grammaticales **Tu te souviens ?** et **Weißt du es noch?** sont à intégrer, si besoin est, au cours de ce travail. Il s'agit ici d'un simple rappel.

En plenum
La phase de présentation mérite une attention particulière, car les participants apprennent ici à se connaître. A la fin du plenum, les enseignants peuvent poser quelques questions de „contrôle". Cette activité d'approfondissement ne devrait cependant pas interrompre la présentation. Ce qui est important ici, c'est que les participants fassent connaissance, c'est que des premiers liens se tissent.

Coin-récré / Spiel & Spaß
Deux histoires drôles mises à la libre disposition des tandems.
Coin-récré : demander l'équivalent des ordres donnés aux chiens en allemand. („Sitz!", „Kusch!", „Platz!" etc.)
Demander aux participants s'ils ont des animaux etc.
Spiel & Spaß: Und Sie, wie gut können Sie Französisch? etc.

Proposition pour des devoirs à faire à la maison
(cf. compte-rendu page 21)

*Première rencontre   Erste Begegnung*

# Compte-rendu détaillé d'une première séance

**Volgelsheim, semestre d'hiver 1997**
VHS Breisach / Alactra Volgelsheim

Première soirée : 14.1.1997
Nombre de participants : 17 (7 tandems + 1 tridem)
Durée du cours : 135 min

| | |
|---|---|
| **Sujet :** | faire connaissance / Gegenseitiges Kennenlernen |
| **Matériel :** | ***Première rencontre Erste Begegnung***, Dossier pour apprendre en tandem |
| | Lerndossier für Tandemkurse |
| | Fiche 1 / Bogen 1 „On se connaît? / Kennen wir uns? |
| | une feuille grand format pour chaque participant |
| | deux séries de fiches numérotées et de couleur différente |
| **Interactions :** | tout se passe dans les deux langues (on traduit tout, ou presque tout) |
| | il ne s'agit pas ici d'un cours magistral |
| | les participants sont plus actifs que les enseignantes |
| | formes de travail : travail individuel (très court) |
| | travail en tandem et un tridem (1 Français et 2 Allemands) |
| | travail en plenum |

## Déroulement de la soirée

**Accueil des participants** (durée : 5 min environ)
Tout d'abord les enseignantes (une enseignante allemande et une enseignante française) souhaitent la bienvenue aux participants, dans les deux langues. Elles présentent ensuite rapidement le programme de la soirée et esquissent les grandes lignes de la méthode tandem. Toutes les explications sont données dans les deux langues.

« Le travail en tandem, qu'est-ce que c'est ? »
*„Was ist Tandem-Arbeit?"*

Les „Règles du jeu / Spielregeln" ont été annexées au Dossier ***Première rencontre / Erste Begegnung*** et les participants sont priés de les lire à voix basse, chacun pour soi. Suit un commentaire rapide et une explication des règles du travail en tandem. (durée : 10 min)

**Phase 1 : la formation des tandems** (durée : 5 min)
Les tandems sont formés selon le principe du hasard. Les enseignantes ont préparé auparavant deux séries de fiches numérotées, de couleur différente. Les fiches (roses et bleues) sont numérotées en fonction du nombre des participants: un numéro pour deux fiches (une rose et une bleue).
Ensuite, les participants français sont priés de rejoindre une des deux enseignantes (à gauche) et les participants allemands de rejoindre l'autre enseignante (à droite). Chaque enseignante distribue alors une fiche à chaque participant. Les Français reçoivent une fiche bleue et les Allemands une fiche rose.

Puis les participants, munis chacun d'une fiche, se mettent à la recherche de leur partenaire : le participant qui a reçu la fiche numéro 1 bleue travaillera avec le participant qui a reçu la fiche numéro 1 rose.

Les enseignantes préparent rapidement une fiche supplémentaire (numéro 1) pour le tridem qui n'était pas prévu.

Une fois formés, les tandems sont priés de s'installer à une table, afin de pouvoir commencer à travailler.

**Phase 2 : la phase de préparation**
Les enseignantes rappellent le sujet de la soirée et demandent aux participants de sortir les fiches de travail (ici : fiche / Bogen 1 du Dossier *Première rencontre Erste Begegnung On se connaît ? / Kennen wir uns?*, ainsi que la feuille grand format préparée pour l'activité dessin.

Les participants allemands devront travailler sur la *fiche* et les participants français sur le *Bogen*. Ce principe fondamental n'est pas évident pour tout le monde. Il ne faut pas hésiter à le rappeler souvent: pour cela, les enseignantes vérifient de table en table que cette consigne a été bien comprise.

Rappel des objectifs et de la méthode de travail :
« Nous voulons faire connaissance à l'aide de cette première fiche de travail. Les Français, vous travaillez sur le côté allemand, qui s'appelle *Bogen* et les Allemands, vous travaillez sur le côté français, que nous appelons ici *fiche*. »
„Wir wollen uns kennenlernen mit Hilfe dieses Arbeitsblattes. Die Deutschen arbeiten auf der französischen Seite, die sich fiche nennt, und die Franzosen auf der deutschen Seite, die Bogen heißt."

« Pour commencer, vous allez parler de vous avec des dessins. Le travail doit être effectué assez rapidement: vous avez au maximum 10 minutes. »
„Sie werden jetzt von sich mit Zeichnungen erzählen. Diese Arbeit soll schnell gehen. Sie haben maximal 10 Minuten Zeit."

**a. Travail individuel : dessiner**   (durée : 10 min)
Cette phase commence par une activité individuelle. Les participants doivent parler d'eux à travers des dessins. Tous se mettent tout de suite au travail. Certains se plaignent bien sûr de ne pas savoir dessiner... mais la suite prouvera que ces personnes auront eu des idées souvent très drôles. Ce travail est de courte durée: Il s'agit ici de faire preuve d'imagination et non de perfectionnisme. L'atmosphère est très détendue, les participants sont très concentrés.

**b. Travail en tandem**   (durée : env. 40 min, 2 x 20 min pour chaque langue)
Les enseignantes introduisent la nouvelle phase de travail :

« Maintenant, vous échangez vos feuilles et vous essayez d'interpréter les dessins de votre partenaire. Devinez ce qu'il a voulu dire et posez-lui des tas de questions ! Qui est votre partenaire ? »
„Tauschen Sie jetzt Ihre Arbeitsblätter und versuchen Sie, die Zeichnungen Ihres Partners zu deuten. Raten Sie. Stellen Sie ihm auch viele Fragen! Wer ist denn Ihr Partner?"

Les enseignantes rappellent l'idée du jour, idée fondamentale pour le travail en tandem et les règles principales du travail en tandem.
« Nous commençons aujourd'hui par le français. Attention, vous parlez maintenant français. Ne changez pas de langue, restez dans cette langue, prenez un bain de français ! »
„Wir fangen heute mit der französischen Sprache an. Sprechen Sie jetzt nur französisch und bleiben Sie in dieser Sprache. Nehmen Sie sozusagen ein Französisch-Bad!"

« N'oubliez pas que vous devez présenter votre partenaire ensuite au groupe entier.
Prenez des notes pour mieux vous souvenir. »
„Und denken Sie daran, dass Sie Ihren Partner nachher der Gruppe vorstellen werden.
Machen Sie sich Notizen!"
Les participants se mettent aussitôt au travail. Il y a beaucoup de bruit dans la salle et beaucoup de rires. La „maladresse" de certains dessins est source de comique. La glace est brisée. La concentration est énorme.

> *Remarques personnelles*
>
> – *Utilisation des langues*
> *Toutes les consignes ont été données dans les deux langues. L'enseignante française ne s'adresse **au groupe** qu'en français et l'enseignante allemande qu' en allemand.*
>
> – *Méthode*
> *Les deux enseignantes restent en retrait, interviennent sur demande ou lorsque cela leur paraît nécessaire. Au bout de 2 minutes environ, elles passent de table en table pour s'assurer du bon fonctionnement de chaque tandem. Elles aident aussi à trouver certains mots ou expressions. Certains tandems ont souvent recours à leurs services, d'autres jamais.*
>
> – *Atmosphère*
> *Echanges très vivants – nombreux rires – concentration étonnante et haut niveau d'attention. De nombreux participants mettent tout de suite en pratique (comme naturellement) le principe de l'entraide, c'est à dire que chacun joue le rôle du professeur pour son partenaire (traduit, corrige, essaie d'expliquer etc.) puis celui de l'élève. La gêne à parler la langue étrangère est pratiquement inexistante.*
> *Les tandems sont dès le début très autonomes. Les enseignantes n'interviennent que rarement.*
>
> *Cependant: un tandem est un peu trop « sage ». Il s'avèrera par la suite que les partenaires de ce tandem sont tous les deux très réservés et qu'ils n'ont donné que des réponses très courtes (pas de phrases entières, pas de questions supplémentaires, pas de commentaires etc.). Une des enseignantes relance ce tandem en lui donnant un nouveau travail:*
>
> *« Quelles questions posez-vous à votre partenaire ? Notez-les et notez aussi ses réponses. Quand vous aurez fini, lisez votre texte à votre partenaire. Il vous aidera à bien lire votre texte. »*
> *„Was haben Sie Ihren Partner gefragt? Schreiben Sie Ihre Fragen und seine Antworten auf. Wenn Sie fertig sind, können Sie Ihrem Partner Ihren Text vorlesen. Er wird Ihnen helfen, diesen Text schön zu lesen."*
>
> *Il faudra veiller lors du prochain cours à ne pas réunir ces deux participants (c.-à-d. aider un peu le hasard lors de la formation des tandems).*

Pour signaler le changement de langue – au bout de 20 minutes environ –, les enseignantes utilisent une clochette (très utile vu le niveau sonore très élevé ce soir-là).
« Et maintenant, vous changez de langue. Les tandems parlent allemand ! »
„Und jetzt wechseln Sie die Sprache. Die Tandems sprechen jetzt Deutsch!"

## Phase 3 : la phase de présentation     (durée : plus de 40 min)

Les enseignantes et les participants sont assis en cercle. Les enseignantes ouvrent la marche : chacune présente l'autre et cette fois dans la langue de l'autre bien sûr.
Puis elles donnent les nouvelles consignes de travail. Comme le groupe est nombreux, les tandems ne pourront pas présenter la totalité de leurs résultats.
« A vous maintenant de présenter votre partenaire au groupe ! »
„Sie sind jetzt dran: Stellen Sie Ihren Partner der Gruppe vor!"

Et elles recommandent:
« Ecoutez bien ! Nous poserons quelques questions après... »
„Hören Sie gut zu! Wir werden nachher noch einige Fragen stellen ..."

La phase de présentation est très longue, c'est pourquoi les enseignantes demandent au bout d'un moment aux participants d'abréger leur présentation en ne présentant que certains aspects de leur travail :
« Vous avez une minute pour présenter votre partenaire. Que voulez-vous nous dire sur lui ? »
„Sie haben eine Minute, um Ihren Partner vorzustellen. Was möchten Sie gern über ihn erzählen?"

---

*Remarques personnelles*

*– Méthode*
*Pendant la phase de présentation, seules les fautes trop fréquentes sont reprises (pour éviter un effet de répétition donc de mémorisation de la faute). De temps à autre les enseignantes font traduire un mot, selon le principe : les Allemands donnent la traduction française et vice versa.*
*Certains mots qui apparaissent dans ce contexte (faire connaissance) comme particulièrement importants sont notés au tableau dans les deux langues (une couleur par langue).*

*On ne peut donner des explications détaillées sur le système de la langue, car ces explications ne concerneraient que la moitié du groupe.*
*Le principe du travail en tandem fonctionne déjà merveilleusement : c'est souvent au partenaire que l'on demande d'abord une explication.*
*A la fin de la présentation, les enseignantes reprennent un point de grammaire, intéressant pour les deux groupes linguistiques : le déterminant possessif qui pose aussi bien problème aux Français „sein / ihr" qu'aux Allemands « son / sa ».*

*Dans cette phase de travail chacun utilise la langue du partenaire, c.-à-d. que les Allemands parlent français et les Français allemand. On passe d'une langue à l'autre suivant l'ordre de passage des participants et il faut bien de temps en temps faire traduire un mot ou une expression etc.*

*– Comportement des enseignantes*
*Elles doivent être très attentives, réagir vite, avoir de la répartie et le sens de l'observation. Par des questions supplémentaires, elles peuvent relancer le débat ou accroître la motivation des participants.*

*– Atmosphère*
*Les participants sont extrêmement attentifs pendant cette phase de travail. Les commentaires sont nombreux et les rires fusent : les jeux de mots, réflexions drôles (parfois aussi concernant les ressemblances ou différences entre les deux langues) ne manquent pas. Les Français commencent, mais les Allemands ne sont pas en reste.*

*– Le niveau hétérogène des participants*

*Il est facile pendant cette présentation d'évaluer le niveau de chaque participant. Il s'avère dans ce cours très hétérogène, mais comme tout se fait dans les deux langues, cette hétérogénéité ne fait pas problème. Les productions sont de niveau très différent et vont de formulations très simples telles que « C'est Marc. Marc est marié et il a 3 enfants... » à des formulations complexes telles que « Mon partenaire s'appelle Patrick. Je vais maintenant vous dévoiler quel est le plat préféré de mon partenaire... ». Il faut noter cependant que des participants peu avancés formulent dès le début des phrases correctes, considérées comme difficiles. La syntaxe est plus complexe (par exemple, présence de relatives – utilisées de façon spontanée – sans avoir dû faire un détour par une explication de grammaire.) L'expression est plus riche, plus nuancée, plus subjective aussi que dans un cours monolingue équivalent, parce qu'elle ne se limite pas à la reproduction systématique d'une phrase du manuel, que l'on doit apprendre et que l'on a entendue déjà X fois. Cette variété des productions explique aussi l'attention soutenue des participants : dans un cours tandem, on produit toujours, on ne reproduit jamais.*

*Ce qui frappe aussi, c'est le plaisir avec lequel les participant utilisent certains mots, choisis par eux. L'effet en est bien sûr tout bénéfique pour la mémorisation (je retiens mieux les mots que j'aime, que je trouve drôles ou dont j'aime la sonorité et que j'ai choisis moi-même).*

*La différence des niveaux qui apparaît clairement lors de la présentation ne pose pas de problèmes. Les participants peu avancés s'exercent à la compréhension globale. De plus cette situation correspond tout à fait à l'expérience du bain linguistique que l'on peut prendre en „allant dans le pays". A l'étranger, je ne comprends pas tout ce que les gens disent et pourtant un séjour dans le pays est toujours bénéfique.*

**Reprise et approfondissement de certains éléments après le plenum** (durée : 10 min)
Les enseignantes introduisent la nouvelle activité :
une des enseignantes se placent derrière un participant et posent quelques questions sur lui :
« Que savez-vous de ce monsieur ? »
« Quel est son plat préféré ? »

L'autre enseignante fait la même chose, en allemand cette fois :
„Was wissen Sie noch von diesem Herrn?"
„Welches ist sein Lieblingsgericht?"

Comme toujours dans les séances de plenum, c'est la règle suivante d'utilisation des langues qui prévaut : les Français répondent en allemand et les Allemands en français.

Puis, les enseignantes rappellent encore une fois les règles d'utilisation du possessif de la troisième personne du singulier, qui pose problème aux deux communautés linguistiques. Dans ce cas, une explication en plenum est toujours possible, puisqu'elle concerne les deux groupes.

*Remarques personnelles*

– *Contrôle des résultats :*
Les participants ont retenus énormément de détails sur les autres participants et se connaissent déjà bien. Les participants plus « timides » ont été directement sollicités par les enseignantes. De nombreuses fautes de langue, encore présentes dans la phase 2 ont maintenant disparu (effet bénéfique de la répétition).

– *Atmosphère :*
L'atmosphère est étonnamment détendue et amicale, chaleureuse. Les participants n'ont pratiquement aucune gêne à utiliser – même de façon approximative – la langue étrangère. Cette différence fondamentale avec un cours monolingue traditionnel est due au fait que
1. la présence d'un locuteur natif constitue une motivation énorme, on pourrait presque dire une « nécessité » à s'exprimer dans la langue étrangère,
2. cette forme de cours n'est pas centrée sur l'enseignant qui n'apparaît pas de ce fait comme une personne autoritaire et omnisciente,
3. l'apprenant n'est pas seulement celui qui ne sait pas, mais il est aussi celui qui sait, „spécialiste" de sa langue en quelque sorte, ce qui est très encourageant et motivant,
4. les enseignantes ont volontiers renoncé à une partie de leur autorité.

Pour finir, les enseignantes annoncent le sujet de la séance suivante :
« *Loisirs - plaisirs / Freizeit - Vergnügen* » et les devoirs à faire à la maison :
« Regardez la leçon ‹ Loisirs › dans votre manuel d'allemand. Et pensez à apporter ce manuel. »
„Nehmen Sie ihr französisches Lehrbuch und sehen Sie sich noch einmal die Lektion ‚Freizeit' an. Denken Sie daran, Ihr Lehrwerk mitzubringen."

Pour les participants qui n'ont pas de livre à la maison, les enseignantes ont préparé une feuille sur ce sujet et apporteront quelques livres la semaine suivante.

# Loisirs – plaisirs / Freizeit – Vergnügen

| | |
|---|---|
| Objectifs : | parler de ses loisirs et de ses passe-temps favoris |
| | téléphoner, se fixer rendez-vous |
| | décrire un itinéraire |
| Activités : | recherche de vocabulaire à partir d'un dessin |
| | classement du vocabulaire |
| | deux jeux de rôle |
| Structures : | l'expression du temps et du lieu |
| | « faire » et les sports |
| | « jouer à » et « jouer de » |
| Vocabulaire : | loisirs et passe-temps |
| | les jours de la semaine, moments de la journée, l'heure |
| | décrire son chemin, s'orienter dans l'espace |

### Information générale

Cette fiche reprend et développe certains thèmes de la fiche 1 (*On se connaît ? / Kennen wir uns?*). Il est donc conseillé d'utiliser cette fiche lors d'une deuxième rencontre, sauf si les participants ont décidé lors de la première rencontre d'abord tel ou tel autre thème. N'oublions pas que c'est le groupe qui porte le dynamisme de l'apprentissage. Pour cette fiche, il vaut mieux commencer le travail en allemand, car l'activité du Bogen (recherche de vocabulaire) précède celle de la fiche (classement du vocabulaire).

### Déroulement de la séance

L'idée du jour
Attention ! Ne pas prendre trop au sérieux ! On peut faire traduire l'expression et s'amuser un peu de l'ampleur du programme prévu par Goethe ou le compléter par exemple en ajoutant „Und das Richtige sagen!"

„Zur richtigen Zeit am richtigen Ort das Richtige tun."
(Goethe)

Formation des tandems
Par exemple une carte « dessin » et une carte « définition ».

*Elle fait de la photo.*

**1** Fiche ≠ Bogen
Bogen 1a. : recherche du vocabulaire à partir d'un dessin
Fiche 1a. : classement du vocabulaire
Bogen + fiche 1b. : parler de ses passe-temps préférés

Bogen 1a.
Il est conseillé de commencer par cette activité qui introduit le vocabulaire allemand « en vrac » (cf. Information générale ci-dessus).

Fiche 1a.
Cette activité doit succéder à celle du Bogen 1a., puisqu'elle en constitue le prolongement. Le vocabulaire connu ou découvert lors de l'activité 1a. du Bogen – après avoir été traduit – peut être classé par situation.

Lors d'un plenum rapide, l'enseignant peut demander la traduction de certains mots ou un participant allemand propose un mot en français et un participant français en donne la traduction, ou les enseignants s'aident de dessins ou photos pour faire apparaître le vocabulaire important qui doit toujours être donné dans les deux langues.

Fiche / Bogen 1b.
Les participants font maintenant plus ample connaissance. Cette conversation en tandem est très importante. Il faut donc laisser le temps aux participants, l'objectif primordial de la méthode tandem étant de favoriser la communication. L'activité **Vergleicht!** trouve sa place ici.
Puis rapidement, chaque participant présente son partenaire au groupe sous l'aspect : les loisirs de mon partenaire. Ce plenum est nécessaire parce qu' il permet au groupe de mieux se connaître et qu'il révèle aussi les affinités au sein du groupe.

**2** fiche = Bogen
Jeu de rôle : se fixer rendez-vous par téléphone

C'est le premier jeu de rôle du dossier. Il faut donc bien expliquer les règles du jeu. Dans un jeu de rôle, les deux partenaires parlent une seule et même langue. Pour éviter la répétition, ils doivent en changeant de langue changer aussi de rôle. Par exemple, le tandem travaille d'abord en français. Les deux participants parlent français. Le participant allemand téléphone, le participant français répond au téléphone. Lorsque par la suite le tandem travaillera en allemand, c'est le participant français qui téléphonera. On peut demander aux participants d'échanger leur numéro de téléphone. Exercice utile qui permet aussi de réviser les nombres. C'est ici l'occasion rêvée d'organiser une « chaîne téléphonique » pour se prévenir p. ex. dans le cas où le cours n'a pas lieu etc.

L'activité grammaticale **Comparez !** est à insérer dans cette deuxième activité. Elle peut aussi être à la base d'une phase de correction qui succédera au plenum, car l'expression des moments de la journée ou de la date pose souvent des problèmes aux participants allemands et français.

Lors du plenum, les participants jouent la scène dans une langue puis dans l'autre. Si le temps vient à manquer, chaque participant résume la situation. L'enseignant introduit la présentation par des consignes telles que : « Alors, ça a marché ? Vous allez vous rencontrer ? », « Et qu'est-ce que vous allez faire ? », « Quand allez-vous vous rencontrer ? » etc.

**3** Fiche = Bogen
Jeu de rôle : décrire un itinéraire

Là aussi, il s'agit d'un jeu de rôle. Il faut donc se conformer au schéma suivant : deux rôles – une seule langue. Le changement de langue implique un changement de rôle (cf. plus haut).
Le plenum est ici facultatif. S'il a lieu, les participants peuvent au cours de ce plenum rapide décrire au groupe le chemin qu'ils devront suivre pour se rendre chez leur partenaire.

Coin-récré / Spiel & Spaß
Un dicton et une histoire drôle
On peut essayer de faire imaginer la fin de l'histoire d'amour.
Le sucre ira-t-il au rendez-vous ?

Proposition pour des devoirs à faire à la maison
« Téléphonez à votre partenaire... et prenez rendez-vous avec lui. »

# Au fil des saisons... / Im Laufe der Jahreszeiten ...

Objectifs :   parler des saisons
              la météo
              parler des goûts et des passe-temps
Activités :   recherche du vocabulaire
              interview
              lecture
              rédaction d'un bulletin météo et lecture
Structures :  l'expression du temps
              etw. lieben, gerne etw. tun
              « faire »
Vocabulaire : les saisons et les mois
              la météo
              loisirs, passe-temps et activités saisonnières

## Information générale
Cette fiche est utilisable par tous les temps et en toute saison.

## Déroulement de la séance
L'idée du jour
Un dicton météorologique qui existe dans les deux langues („Eine Schwalbe macht noch keinen Sommer."), mais qu'il est intéressant de faire traduire car les hirondelles ne paraissent pas arriver en même temps dans les deux pays.
Demander l'avis des participants.
Même chose pour les « giboulées de mars » et le „Aprilwetter" :
Ces dictons traduisent-ils une différence de climat ?

« *Une hirondelle ne fait pas le printemps.* »

Formation des tandems
(Cf. Document annexé « Expressions météo – Redewendungen um das Wetter », page 84)
Pour un groupe de niveau moins avancé, on peut choisir le nom des mois de l'année.

janvier    Januar

février    Februar

**1** Fiche = Bogen
Recherche de vocabulaire

Variante : Pour activer l'imagination des participants ou faciliter la recherche du vocabulaire, les enseignants peuvent apporter du matériel supplémentaire (photos, dessins etc.).
Ce matériel peut être distribué aux tandems au début de la phase de préparation ou utilisé au cours d'un plenum rapide dans une activité de transfert.

**2** Fiche = Bogen
Interview du partenaire

Les activités **Comparez !** et **Vergleicht!** doivent être intégrées à cette activité. Présentation des résultats dans un plenum rapide.

**3** Fiche = Bogen
3a. : lecture, traduction
3b. : rédaction d'un bulletin météo

Fiche / Bogen 3a.
Le locuteur natif lit le texte à son partenaire. Il aide ensuite ce dernier à lire et à traduire le texte. Selon le niveau des participants, la durée de cette activité de lecture / prononciation / traduction sera très variable.
Cette activité vise à permettre aux participants de comprendre un bulletin météo à la radio, à la télé ou dans la presse. Il est recommandé de se procurer ou de faire apporter par les participants des bulletins météo authentiques, découpés dans des journaux allemands et français.

Fiche / Bogen 3b.
Selon le niveau des participants, on peut faire rédiger un ou plusieurs bulletins météo. Chaque tandem doit à la fin de cette activité présenter deux bulletins (un en allemand et un en français).

En plenum
Tout le groupe se réunit pour assister à la lecture des différents bulletins météo. Le participant allemand lit son « bulletin météo » et le participant français lit son „Wetterbericht".

Coin-récré / Spiel & Spaß
Le dicton abusif du coin-récré permet d'engager une petite conversation sur le modèle suivant : « Etes-vous déjà allé en Angleterre ? Où ? Quand ? Quel temps faisait-il ? » etc.

Propositions pour des devoirs à faire à la maison
« Quel temps avez-vous eu lors de vos dernières vacances. »
« Suivez les prévisions météorologiques à la radio ou à la télé. »
« Découpez un bulletin météo dans un journal et apportez-le à votre partenaire. »

*Première rencontre Erste Begegnung*

# Le temps d'un poème / Zeit für ein Gedicht

| | |
|---|---|
| Objectifs : | plaisir de lire, plaisir de dire |
| | plaisir des mots |
| | créativité |
| Activités : | lire et comprendre un poème |
| | trouver des rimes |
| | fabriquer un poème |
| Phonétique : | intonation, rythme et rime |
| Vocabulaire : | autour des saisons |
| | autour de la nature |

### Information générale

Il est conseillé de travailler sur cette fiche vers la fin de l'hiver. Cette fiche ne propose pas d'activité grammaticale. Ici, c'est le plaisir du texte qui l'emporte, le plaisir de lire et de jouer avec les mots. Particularité : les consignes sont en vers (en rapport avec le sujet).

Les Allemands connaissent très souvent le poème de Ch. Morgenstern et les Français celui de J. Prévert, il faut donc insister sur le fait qu'ils ne doivent pas faire le travail à la place de leur partenaire, mais simplement l'aider.

Le poème de Prévert est aussi chanté par les Frères Jacques. Cette activité peut donc déboucher sur une activité chant, si le groupe aime chanter.

### Déroulement de la séance

L'idée du jour
(„Arbeit macht reich. Arme Dichter, an die Arbeit!")
L'idée du jour désigne l'objectif de la leçon. Il est donc conseillé d'en chercher la traduction avec le groupe entier et de l'utiliser comme première impulsion.
Demander aux participants s'ils ont un poème préféré. Connaissent-ils un poème par cœur ? Peuvent-ils le réciter ? L'ont-ils appris à l'école ? etc. (Les français aiment beaucoup les récitations.)

*Le travail mène à la richesse.*
*« Pauvres poètes, travaillons! »*
*(G. Apollinaire)*

Formation des tandems
Par exemple des rimes :

**tandem** — **poème**

**1 + 2**  Fiche ≠ Bogen
Lecture d'un texte poétique
Bogen : poème à trous
Fiche : poème en désordre

Bogen 1 + 2
Activité simple qui implique une lecture attentive du texte.

| Solution : | Herr Winter | Herr Winter, |
|---|---|---|
| | Geh hinter, | Geh hinter, |
| | Der Frühling kommt bald! | Dein Reich ist vorbei. |
| | Das Eis ist geschwommen, | Die Vögelein alle, |
| | Die Blümchen sind kommen | Mit jubelndem Schalle, |
| | Und grün wird der Wald. | Verkünden den Mai! |

Le poème doit être lu à plusieurs reprises. Le participant allemand lit d'abord le poème allemand et fait lire ensuite son partenaire. Le locuteur natif doit veiller à une bonne lecture du poème.

Fiche 1 + 2
L'objectif est le même que pour l'activité du Bogen, mais la difficulté est un peu plus grande du fait de la similitude de certains passages du poème. La lecture doit donc être très attentive.

Solution :

Dans la nuit de l'hiver
galope un grand homme blanc
galope un grand homme blanc

C'est un bonhomme de neige
avec une pipe en bois,
un grand bonhomme de neige
poursuivi par le froid

Il arrive au village
il arrive au village
voyant de la lumière
le voilà rassuré

Dans une petite maison
il entre sans frapper
dans une petite maison
il entre sans frapper

et pour se réchauffer
et pour se réchauffer
s'assoit sur le poêle rouge
et d'un coup disparaît

ne laissant que sa pipe,
au milieu d'un flaque d'eau
ne laissant que sa pipe
et puis son vieux chapeau

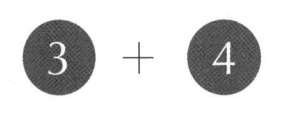

**3 + 4**   Fiche = Bogen
Recherche de rimes
Composition d'un poème

Compétence requise pour cette activité : créativité.

En plenum
Tout le groupe se retrouve pour assister à la lecture des poèmes.
Le Français lit son poème allemand et l'Allemand le sien.
Variante : On peut organiser autour de cette activité une „Fête de la lecture".

Coin-récré / Spiel & Spaß
On continue à jouer avec les mots.
Solutions pour la fiche :   Marie : aimer, rime, rame, ami... /
organe : orange, orage, ogre... / ancre : nacre, race, rance, crâne... / gare : rage, âge

Bogen: Un virelangue (phrase difficile à prononcer) peut être donné comme devoir à la maison aux participants français ou servir de point de départ pour la recherche d'autres virelangues dans les deux langues.

Propositions pour des devoirs à faire à la maison
« Apprenez une strophe ou tout le poème par cœur. »
Au choix : les poèmes de Prévert et de Morgenstern ou les poèmes fabriqués par les participants.
« Apportez un poème de votre choix (dans votre langue) que vous aimeriez lire au groupe. »
Cela permet de faire une courte excursion dans la littérature de l'autre.

Première rencontre  Erste Begegnung

# On recherche... / Gesucht wird ...

| | |
|---|---|
| Objectifs : | identifier une personne |
| | faire le portrait d'une personne |
| Activités : | recherche d'adjectifs |
| | lecture, observation et compréhension |
| | rédaction d'un portrait |
| Structures : | l'adjectif : accord et place dans la phrase |
| | l'adjectif composé en allemand |
| | le comparatif en français |
| Vocabulaire : | adjectifs courants |
| | les parties du corps et du visage |
| | les vêtements et les accessoires de la mode |

### Information générale

Il est préférable de travailler sur cette fiche lorsque le groupe se connaît déjà un peu. Les participants osent alors des portraits plus drôles, plus impertinents, plus créatifs.
Plenum possible à la fin de chaque activité mais nécessaire à la fin de l'activité 3.
Pour introduire le sujet, on peut aussi apporter des photos de personnes connues dans les deux pays (partie interculturelle).

### Déroulement de la séance

Formation des tandems (cf. document annexé, page 82)
A l'origine, le mot « soupe » désignait le morceau de pain que l'on trempait dans le bouillon.
(cf. Claude Duneton, *La puce à l'oreille*, ed. Stock, 1978)
On peut faire traduire en tandem ou en plenum les différentes expressions. On peut alors se référer à l'activité grammaticale **Comparez !**.

*trempé comme une soupe*

L'idée du jour
Les participants cherchent l'expression française équivalente (« L'habit ne fait pas le moine. »). On peut ici réfléchir un peu à la différence apparente entre les deux expressions, qui pourtant mettent en garde contre la même erreur de jugement. Le dicton en français est plus facilement déchiffrable. „Kleider machen Leute" est aussi le titre d'un récit de Gottfried Keller. On peut aussi apporter des photos de personnes en uniforme pour souligner l'importance du costume (L'habit fait-il la profession ?).

„Kleider machen Leute"

**1** Fiche = Bogen
Recherche de vocabulaire à partir d'un exercice de traduction

Cet exercice dirigé de courte durée constitue une façon plaisante et nouvelle d'introduire le vocabulaire du cours.

Variante : on peut aussi commencer le cours par une séance de mime. Chaque participant (volontaire !) reçoit une fiche sur laquelle est noté un adjectif. Il doit par des gestes faire deviner aux autres de quelle qualité il s'agit. Les Allemands proposent leurs solutions en français et les Français en allemand, bien sûr.

**2**  Fiche ≠ Bogen
Bogen : lecture, compréhension et identification
Fiche : observation, comparaison

Bogen
Les participants lisent le texte. C'est l'Allemand qui commence. Il doit ensuite aider son partenaire à lire le texte correctement. Ce texte bref se prête tout à fait à un exercice approfondi de lecture et prononciation. La traduction du texte est facultative.

Variante pour participants avancés : travail de reconnaissance auditive.
Le participant allemand lit le texte à son partenaire, qui se contente d'écouter. Il doit ensuite, sans avoir lu le texte, identifier la personne décrite.

Fiche
Les participants cherchent ensemble les différences, qu'ils doivent noter en français. Le Français aide l'Allemand à formuler ses phrases. Un exercice de traduction est tout à fait possible, par exemple pour un tandem qui a fini avant les autres.
Cette activité peut donner lieu à une révision rapide des degrés de l'adjectif.

**3**  Fiche = Bogen
Rédaction d'un portrait

Les deux premières activités ont préparé à ce travail qui constitue l'activité principale de la fiche 5.
Compétences requises pour cette activité : autonomie, créativité, sens de l'observation.
L'activité grammaticale **Vergleicht !** trouve son application au cours de ce travail.
La consigne « Alors, laissez un peu de suspense... » / „Verratet also nicht alles gleich ..." est très importante et doit être reprise par les enseignants. En effet, le portrait ne doit pas révéler le plus frappant dès le début. Il faut absolument insister sur le suspense à ménager... et aider les participants si nécessaire à progresser lentement dans le portrait qu'ils confectionnent.

Le plenum est ici indispensable puisqu'il constitue l'aboutissement logique du travail effectué précédemment. Le groupe a en effet un rôle actif à jouer.

Variante : on peut faire établir par les participants le portrait de l'homme / la femme idéal/e.

Coin-récré / Spiel & Spaß
Expliquer les jeux de mot et vérifier qu'ils ont été bien compris.
Bogen : jeu sur le sens du mot „Gesichtspunkt" qui signifie en fait « point de vue, aspect », mais est pris ici dans un sens concret qu'il n'a pas habituellement « point sur le visage ».
Fiche : le féminin recherché ici n'est pas grammatical, mais de situation. L'homme est assis devant la télé pendant que la femme est debout (= travaille) dans la cuisine.

Propositions pour des devoirs à faire à la maison
« Rédigez le portrait de l'homme ou la femme idéal/e ou l'homme ou la femme cauchemar. »
« Faites le portrait d'un personnage célèbre (à faire deviner aux autres lors de la prochaine séance). »

# Ce soir, c'est la fête... / Heute feiern wir!

| | |
|---|---|
| Objectifs : | comparer les calendriers allemands et français |
| | parler des fêtes et des traditions |
| | offrir qc à qn |
| | préparer une fête |
| Activités : | recherche de vocabulaire |
| | jeu de rôle |
| Structures : | l'expression de la date |
| | le déterminant possessif sein / ihr |
| Vocabulaire : | le nom des fêtes et des jours fériés |
| | des cadeaux |
| | autour de l'anniversaire |

### Information générale

Cette fiche peut être utilisée à n'importe quel moment de l'année, puisque la fête principale retenue est l'anniversaire. Elle peut aussi déboucher sur la préparation d'une vraie fête lors de la prochaine rencontre (mise au point du programme, répartition des tâches etc.
Apporter ou faire apporter des calendriers par les participants.

### Déroulement de la séance

Formation des tandems
(Cf. document annexé, page 83)
On peut choisir des phrases types du genre :
« Joyeux Noël ! »
« Bonne année ! »
« Bon anniversaire !»
« Joyeuses Pâques ! »
« A votre santé ! »
« Félicitations ! »  etc.

*Viel Spaß!*

L'idée du jour
Rien à dire, seulement sourire.
Présenter un peu Coluche :
le clown au grand cœur (les restos du cœur)

« *Ah, qu'est-ce qu'on se marre !
Qu'est-ce qu'on se marre !
(Coluche)* »

**1**    Fiche = Bogen
Recherche de vocabulaire
Comparaison calendrier français / calendrier allemand

La partie « civilisation » est prise en charge ici par les participants. Il s'agit d'abord de trouver le nom des jours fériés et de comparer le calendrier des deux pays.
L'activité **Vergleicht!** accompagne ce travail.

Les enseignants peuvent dans un plenum rapide réunir les résultats afin de s'assurer que les jours fériés ont tous été trouvés. Pensez à des fêtes moins connues comme la Fête-Dieu / Fronleichnam, Jour de Pénitence et de Prière / Buß- und Bettag, La Saint-Etienne / der zweite Weihnachtsfeiertag etc.

### 2 Fiche = Bogen
Entraînement guidé de vocabulaire

Il s'agit ici d'un exercice structural simple et de courte durée.
L'activité **Comparez !** prend sa place ici.

Variante : si le groupe se connaît bien, on peut modifier la consigne, en ajoutant que les cadeaux sont pour une personne qui se trouve dans le groupe. « Imaginez que ces cadeaux sont pour une personne du groupe. A qui les offrez-vous ? Et pourquoi ? » « Vous pouvez bien sûr choisir d'autres cadeaux ! »

… et demander ensuite dans un plenum rapide au participant qui a reçu un cadeau si le cadeau lui plaît, s'il l'accepte etc.

### 3 Fiche = Bogen
Jeu de rôle
Rédaction d'un dialogue

Cette activité constitue l'activité principale de la fiche. Elle doit être présentée sous la forme d'un dialogue.

Pendant le plenum, les participants présentent donc deux dialogues (un en allemand, l'autre en français) ou résument dans chacune des deux langues le programme qu'ils ont élaboré.

Coin-récré / Spiel & Spaß
Fiche : année, ni, vers, ravi, vain/vaine, servi, rare, rien, rein, sa, si, sain, avis, vase... cette liste n'est pas exhaustive.
Bogen : Frauke est née un 31 décembre. Avant-hier, le 30 décembre, elle avait encore trente ans, hier le 31 décembre, elle a eu 31 ans, et le 31 décembre de cette année elle aura 32 ans et l'année prochaine le 31 décembre elle aura 33 ans.

Propositions pour des devoirs à faire à la maison
« Vous écrivez à votre partenaire pour l'inviter à une fête. »
« Comment avez-vous fêté votre dernier anniversaire ? »

# De ville en ville / Von Stadt zu Stadt

| | |
|---|---|
| Objectifs : | découvrir la ville / la commune de l'autre |
| | parler de sa ville, de son village |
| | imaginer un nouvel espace dans la ville |
| Activités : | traduction |
| | interview |
| | jeu de rôle |
| Structures : | l'expression du lieu |
| | l'adverbe pronominal « y » et la structure « il y a » |
| | la relation locative et la relation directive : Wo? / Wohin? |
| Vocabulaire | autour de la ville : les bâtiments et les monuments |
| | autour de la commune : les administrations et les services |

### Information générale

L'élément civilisation constitue le point fort de cette fiche, qui peut être utilisée lors d'une première rencontre entre deux groupes associatifs dans le cadre d'un échange scolaire ou d'un jumelage (p.ex. deux orchestres ou chorales, deux équipes de foot, deux clubs cyclistes etc.). Elle répond également aux objectifs d'une rencontre tandem entre deux conseils municipaux ou des représentants d'une commune etc.

Prévoir du matériel supplémentaire, à adapter en fonction du groupe : photos, cartes postales, prospectus etc. ainsi que des cartes géographiques ou administratives des deux pays.

### Déroulement de la séance

L'idée du jour
„Man sollte die Städte auf dem Land bauen, die Luft ist dort sauberer."
Pour traduire et sourire... et imaginer la suite...
Elle peut conduire à une comparaison entre la vie en ville et la vie à la campagne.

« *On devrait construire les villes à la campagne – l'air y est plus pur.* »

Formation des tandems
Par exemple choisir des noms de villes françaises et allemandes.

*München*    *Munich*

Ou des cartes postales découpées en deux parties à la façon d'un puzzle.

**1** Fiche = Bogen
Recherche de vocabulaire à partir d'un exercice de traduction

Au cours d'un plenum rapide, vérifier que tous les mots ont été bien traduits.

**2** Fiche = Bogen
Interview pour découvrir la ville / commune du partenaire

L'activité **Vergleicht!** qui rappelle l'emploi tellement essentiel en français du pronom « y » peut aisément être intégrée à cette activité.

Variante : les enseignants ont demandé aux participants d'apporter des photos, images, prospectus de leurs villes ou communes. Le matériel apporté est décrit par le partenaire.
Pour des participants de niveau plus avancé, il est aussi possible d'apporter des journaux / revues de leur communes.

Le plenum qui succède à cette activité est important, il faut donc prévoir suffisamment de temps quitte à poursuivre le travail proposé par cette fiche au cours d'une autre rencontre.
Il est utile de créer au cours de ce plenum un lien avec l'activité 1 et **Vergleicht!**, par exemple en formulant des phrases du type :
« Est-ce qu'il y a des remparts dans votre ville ? » etc.

Variante : dans un contexte de jumelage et de rencontre entre conseillers municipaux ou employés des services publics, on peut demander aux participants d'apporter un plan d'occupation des sols de leur commune respective, qu'ils devront dans un premier temps comparer.

**3** Fiche = Bogen
Jeu de rôle : aménagement d'un nouveau quartier
Tracer le plan d'un quartier

L'activité **Comparez !** soutient cette activité. On peut facilement en reprendre les éléments au cours du plenum qui suit en formulant des questions du type :
„Wohin kommt die Schule?" oder „Wo steht die Fabrik?" etc.
Comme pour tous les jeux de rôle, il est important de rappeler qu'au changement de langue doit correspondre un changement de rôle.

Coin-récré / Spiel & Spaß
L'histoire drôle du Coin-récré peut conduire à de multiples activités, par exemple les participants localisent sur une carte de France Calais et le Pas-de-Calais. A l'aide d'une carte administrative, on peut présenter les départements de la France etc.
L'activité Spiel & Spaß débouche sur le même travail : faire situer les villes allemandes sur une carte, présenter les différents Länder etc. Les enseignants peuvent reprendre aussi les cartes utilisées au début du cours pour former des tandems.

Proposition pour des devoirs à faire à la maison
« Cherchez d'autres noms de lieux qui diffèrent dans les deux langues. »

# Au travail ! / An die Arbeit!

| Objectifs : | les professions |
| --- | --- |
| | parler de son travail / école |
| | les conditions de travail (lieu, horaire etc.) |
| | parler de son supérieur |
| Activités : | pantomime |
| | recherche de vocabulaire |
| | interview |
| | description du chef idéal |
| Structures : | avoir besoin de qc |
| | le pronom « en » |
| | les verbes de modalité „können, möchten, sollen, müssen" + infinitif |
| Vocabulaire : | le monde du travail |
| | les instruments / outils de travail |
| | les qualités d'une personne |

### Informations générales
Le plenum est souhaité après les activités 4 et 5, il peut être proposé après les activités 2 et 3.

### Déroulement de la séance
Formation des tandems
Définition d'une activité sur une carte et métier correspondant sur l'autre carte.
Par exemple :

*Il répare les voitures.*   *le mécanicien*

L'idée du jour
Jeu sur les mots „hetzen" qui appartient d'abord au registre de la chasse et „auf der Flucht sein". Difficile à rendre en francais (die Hektik = l'agitation), mais il est toutefois intéressant de rechercher la

„*Ich lasse mich nicht hetzen! Schließlich bin ich bei der Arbeit und nicht auf der Flucht!*"

meilleure traduction avec le groupe. „hetzen" signifie d'abord « chasser, traquer », puis par extension « faire se presser quelqu'un » / „zur Eile antreiben". « On ne me fera pas aller plus vite, je suis au travail et pas en fuite. » Travail = stress ? Posez la question à vos participants.

### 1
Fiche = Bogen
Pantomime

Deux possibilités :
- le participant a le choix du métier qu'il va mimer.
- l'enseignant choisit le métier. Dans ce cas, il convient de préparer des fiches de métiers.

L'effet produit par cette activité sur la dynamique de groupe est formidable. A condition que cette activité soit de courte durée. (Durée du mime : max. 30 sec.)
Comme toujours dans ce genre d'exercice, les participants français proposent leurs réponses en allemand et les participants allemands donnent leurs réponses en français.

**2** fiche = Bogen
Recherche de vocabulaire

Variante : selon les réponses données, les participants peuvent aussi faire le portrait-robot « travail » de leur partenaire. Par exemple : « C'est un fou du travail, il n'est heureux que dans son bureau... »

**3** Fiche = Bogen
Recherche de vocabulaire

Cette activité est de courte durée et doit être reliée à l'activité **Vergleicht!**. Elle peut être reprise au cours d'un plenum rapide introduit par des questions telles que :
« Est-ce que ton partenaire a besoin d'un balai pour son travail ? »
« De quel instrument est-ce que ton partenaire a besoin pour son travail ? »

**4** Fiche = Bogen
Interview
Civilisation

Une présentation des résultats à la suite de cette activité s'avère indispensable. A la suite du plenum les enseignants peuvent engager une comparaison des différents systèmes scolaires, des horaires de travail, etc. L'énorme apport d'éléments culturels au cours de cette activité doit être exploité en vue d'aboutir à une production orale spontanée sous forme de discussion du groupe et donner ainsi place à un véritable échange au sein du groupe.

**5** Fiche = Bogen

Cette activité finale ne doit pas être prise trop au sérieux. Elle doit être suivi d'un plenum qui en fonction de la créativité des participants promet de joyeux moments.
Les participants peuvent s'appuyer sur l'aide **Comparez !**

Variante : pour un groupe de niveau peu avancé, on peut simplifier le travail en faisant rédiger le portrait au présent.
Consigne de travail :
« Le chef / professeur idéal : Comment est-il ? Qu'est-ce qu'il ne doit pas faire ? »

Coin-récré / Spiel & Spaß
Deux histoires drôles et toujours la même constatation :
Le travail, c'est fatigant.

# Rêves de bonheur / Der Traum vom Glück

| | |
|---|---|
| Objectifs : | parler du bonheur |
| | imaginer le bonheur |
| Activités : | recherche de vocabulaire |
| | lecture et compréhension |
| | rédaction d'un texte |
| Structures : | impératif en allemand |
| | adverbe de quantité + préposition « de » |
| | le partitif |
| Vocabulaire : | autour du bonheur |
| | faire la cuisine |

### Informations générales

Il est préférable de travailler sur cette fiche lorsque les participants se connaissent déjà bien, car parler de ses rêves est quelque chose de personnel.
Le plénum est possible après chaque activité, on peut toutefois grouper en fin de séance la présentation des résultats des activités 2 et 3, en laissant les tandems présenter l'activité de leur choix.

### Déroulement de la séance

Formation des tandems
Antonymes : sur une carte un mot et sur la carte correspondante son contraire, par exemple :

bonheur malheur
chaud froid
amis ennemis
etc.

*bonheur*     *malheur*

L'idée du jour
Utiliser l'idée du jour comme « impulsion muette ».
Elle est alors notée au tableau sans aucun commentaire de la part des enseignants qui attendent les réactions des participants. Les commentaires seront nombreux, c'est sûr. Présenter Karl Valentin ou laisser les participants allemands le présenter.

> *Ein Optimist ist ein Mensch, der die Dinge nicht so tragisch nimmt, wie sie sind.*
> (Karl Valentin)

**1** fiche = Bogen
Bogen : trouver les contraires
Fiche : recherche de vocabulaire

Bogen
Si les enseignants ont choisi les antonymes pour la formation des tandems, alors c'est ici l'occasion de tous les revoir au cours d'un plénum rapide. Il faut penser qu'un tandem ne voit jamais toutes les cartes !

Fiche
La recherche de vocabulaire se fait ici dans les deux langues, il s'agit donc aussi d'un exercice de traduction.

**2** Fiche = Bogen
Lecture, compréhension et traduction d'un texte

Deux possibilités :
- on peut commencer par un exercice de lecture. Le participant allemand lit alors le texte allemand à son partenaire, qu'il laisse lire ensuite. Même chose pour le texte français.
- avec des participants de niveau avancé, on peut transformer la lecture du texte en activité de reconnaissance auditive. Par exemple, le texte « Le bonheur, ça se mijote » peut être lu par le Français, le participant allemand essaie de le comprendre sans regarder son texte et vice versa. Cet exercice de compréhension orale est un élément important de l'apprentissage sur le terrain.

Les activités **Vergleicht!** et **Comparez !** trouvent leur application ici. Contrôler dans un plenum rapide que les textes ont été bien traduits.

**3** Fiche = Bogen
Rédaction d'un texte

Les activités 1 et 2 ont préparé à cet exercice. C'est aux participants de faire preuve d'un peu d'imagination !

En plenum
S'il a lieu après l'activité finale, on peut laisser aux participants le choix de l'activité à présenter. La présentation de l'activité 2 permet aux enseignants de s'assurer de l'exactitude de la traduction.

Coin-récré / Spiel & Spaß
Fiche : allusion au célèbre « L'argent ne fait pas le bonheur ». On peut citer aussi la variante apportée par Boris Vian : « L'argent ne fait pas le bonheur de celui qui n'en a pas. » et reprise par Coluche sous la forme « L'argent ne fait pas le bonheur des pauvres. » Une dernière version enfin : « L'argent ne fait pas le bonheur, mais ce n'est pas pour ça que tant de gens sont pauvres. » (Margaret Case Harriman)
Et ne manquons pas d'évoquer la « richesse » de la langue française ! Pour parler d'argent, il y a en effet beaucoup d'autres mots. Par exemple le blé, l'oseille, la thune, le fric, les radis, les ronds etc.
« Et qu'est ce qu'on dit en allemand ? »
...et rien ne vous empêche de continuer sur l'euro...

Bogen : Le participant français coupe et lit la phrase correctement ! Question possible : „Was bedeutet Schicksal für Sie?"

# La vie au quotidien / Der Tag im Alltag

| | |
|---|---|
| Objectifs : | parler du quotidien |
| | la vie quotidienne du partenaire |
| | imaginer un autre quotiden |
| Activités : | recherche de vocabulaire à partir d'un dessin |
| | lecture |
| | interview |
| Structures : | verbes réfléchis au passé-composé |
| | l'expression du temps : les moments de la journée, l'heure |
| Vocabulaire : | le déroulement d'une journée |
| | activités du quotidien |
| | l'expression de l'heure |

### Information générale
Il est conseillé de commencer par le Bogen qui introduit le vocabulaire nécessaire.
Le plénum peut avoir lieu après les activités 1, 2 et 3.

### Déroulement de la séance
Formation des tandems
Recherche du mot de la même famille. Par exemple :

*le balai* — *balayer*

*le travail* — *travailler*

*le nettoyage* — *nettoyer*

L'idée du jour
(„Der Mensch ist nicht für die Arbeit geschaffen. Der Beweis dafür ist, dass sie ihn ermüdet.)
Il est amusant de discuter un peu sur ces expressions et d'en rechercher des semblables avec les participants, par exemple :
« Le travail c'est la santé, rien faire c'est la conserver. »
« Travailler, c'est bon pour ceux qui n'ont rien à faire. »
(Henri Jeanson)

« *L'homme n'est pas fait pour travailler. La preuve c'est, que ça le fatigue.* »
(Voltaire)

**1**
Fiche ≠ Bogen
Bogen : recherche de vocabulaire à partir d'un dessin
Fiche : travail sur un texte

Bogen
Description d'un dessin pour introduire le vocabulaire nécessaire aux activités qui suivent. Révision de l'heure. Ici il est conseillé d'intégrer l'activité grammaticale **Comparez !** et pour favoriser l'apprentissage, n'oubliez pas de demander l'heure aux participants plusieurs fois au cours de la séance.

Fiche
Activité de lecture et de compréhension.
Ou pour des participants plus avancés : travail de reconnaissance auditive. Le Français lit le texte à son partenaire sans que ce dernier ne regarde sa fiche. Attirer l'attention sur l'activité **Vergleicht!**.

**2**
Fiche = Bogen
Interview

Les consignes sont très claires, il faut toutefois veiller à ce que les séquences linguistiques soient respectées par les deux partenaires. Laissez le temps aux participants de bien faire connaissance. La curiosité pour l'autre est toujours très grande.

**3**
Fiche = Bogen
Imaginer un autre quotidien

Cette activité fait appel à l'imagination et surtout à la spontanéité des participants, puisque les réponses doivent être données rapidement. Dans un plenum rapide recueillir les résultats.

Coin-récré / Spiel & Spaß
Fiche : l'histoire drôle peut donner lieu à une petite conversation :
« Quelle est la matière que tu préfères ? »
« Est-ce que tu aimes l'école ? »
« Une matière que tu n'aimes pas du tout ? » etc.

Bogen : l'histoire d'Alex peut donner lieu à une dernière révision de l'heure.

*coin-récré*

*Spiel & Spaß*

Propositions pour des devoirs à faire à la maison
« Décrivez le plus beau jour de la semaine passée. »
« Décrivez un des plus beaux jours de votre vie. »

**fiche 10**

# Bonnes vacances ! / Schöne Ferien!

| | |
|---|---|
| Objectifs : | parler de ses vacances |
| | recherche d'informations sur une région |
| Activités : | recherche de vocabulaire |
| | interview |
| | jeu de rôle |
| Structures : | le subjonctif dans l'expression du souhait |
| | le futur composé en allemand |
| Vocabulaire : | autour des vacances |

*Information générale*

Il est bien sûr judicieux de travailler sur ce thème avant les vacances. Les participants sont alors plus motivés. Les enseignants demandent aux participants d'apporter du matériel supplémentaire (p. ex. pour l'activité 2).

*Déroulement de la séance*

Formation des tandems

On peut très bien envisager différents moyens de transport dessinés sur une carte et le nom correspondant sur l'autre carte ou tout simplement un nom de pays une fois en français et une fois en allemand, par exemple :

> la Barbade — Barbados
>
> l'Angleterre — England
>
> Chypre — Zypern

Pensez bien sûr pour un groupe de niveau avancé à choisir des pays dont la traduction n'est pas tout de suite reconnaissable.

L'idée du jour
Vive les vacances et vive l'inspiration ! Aujourd'hui c'est au tour des participants de trouver l'idée du jour relative au sujet de la fiche.

**1** Fiche = Bogen
Recherche de vocabulaire

Cet exercice de courte durée permet d'introduire et de classer le vocabulaire nécessaire pour les activités qui suivent.

**2** Fiche = Bogen
Jeu de rôle

Dans ce jeu de rôle la communication orale doit prévaloir sur l'écrit, en effet il s'agit ici d'un entraînement de la réaction verbale de l'apprenant dans un contexte réel de communication. Il est toutefois important que les participants prennent des notes afin de mieux pouvoir présenter les résultats lors du plenum, impératif après cette activité.
Comme pour tous les jeux de rôle au changement de langue doit correspondre un changement de rôle.

L'activité de grammaire **Vergleicht!** requiert de l'apprenant un niveau élevé de compétence grammaticale. Les faux débutants ont besoin du soutien et de l'intervention de l'enseignant. Une variation structurale telle que « Tu dois venir, tu ne peux pas aller là-bas »... devra être proposée.

Coin-récré / Spiel und Spaß
Jeu du bac / Stadt, Land, Fluss

Bonnes vacances !

# Die Tandem-Methode im Überblick

> **2** Lerner/-innen
> Sprachen
> Lehrer/-innen

## 1. Pädagogische Konzeption

Die Tandem-Methode ist vor allem eine Pädagogik der Begegnung und des Austausches: Zwei Personen unterschiedlicher sprachlicher Herkunft treten gemeinsam in Kontakt, um die Sprache des anderen zu lernen. Im Tandemkurs werden immer zwei Sprachen benutzt nach dem Prinzip: „Sprich die Sprache deines Partners / deiner Partnerin". Tandemkurse sind also immer zweisprachig. Die beiden Kursleiter, beides Muttersprachler der jeweiligen Sprache, garantieren die Zweisprachigkeit der Tandem-Begegnung.

Ein Tandem setzt sich aus zwei Lernern mit unterschiedlichen Muttersprachen zusammen, die für eine Tandem-Begegnung (z.B. einen Kursabend) gemeinsam arbeiten.
Jeder der beiden Lerner ist abwechselnd Lehrer (seines Partners), wenn die Arbeit in seiner Muttersprache stattfindet und Lerner, wenn die Arbeit in seiner Fremdsprache stattfindet. Gemeinsam legen die beiden Lerner ihren eigenen Rhythmus für ihre Lernfortschritte in einem von den Kursleitern definierten Rahmen fest: In diesem Kontext handelt es sich um ein echtes „Lernen à la carte", da jeder Teilnehmer hinsichtlich seiner persönlichen Bedürfnisse und seines Niveaus lernt.

Lernen im Tandem bedeutet:

- Pädagogik der Begegnung
- Lernen zu zweit
- zweisprachiges und interkulturelles Lernen
- autonomes Lernen
- authentisches Lernen „vor Ort"
- Lernen à la carte
- eine Pädagogik, die sich auf den Lerner konzentriert
- zwei qualifizierte Lehrer betreuen den Lernprozess

Die Tandem-Methode ist eine optimistische und ermutigende Methode. Spontaneität und Authentizität des Ausdrucks werden besonders bevorzugt, der Kommunikation wird absolute Priorität eingeräumt. Der Lernende nimmt während jeder Tandem-Begegnung ein „Kultur- und Sprachbad": Er taucht sozusagen in die fremde Sprache ein.
Sprachproduktion und kultureller Austausch haben beim Lernen im Tandem einen sehr hohen Stellenwert, da sie im Tandem immer authentisch sind. Der Spaß an der Begegnung und an der Entdeckung des Partners nimmt den Lernern sehr schnell die Angst, sich vielleicht nicht richtig auszudrücken. Die erwachende Neugier verdrängt Gefühle wie Unsicherheit oder Befangenheit. Das Ideal jedes Lehrers verwirklicht sich mit jeder Tandem-Begegnung: Zusammenarbeiten mit motivierten und zufriedenen Lernern. Was für eine Überraschung, wenn man schon in den ersten Kursstunden beobachtet, wie Teilnehmer, die man zunächst noch für reserviert hielt, plötzlich lebhaft und gesprächig werden!
Es ist äußerst positiv, dass sich diese entspannte und somit lernförderliche Arbeitsatmosphäre in allen weiteren Begegnungen fortsetzt und dass sie offensichtlich charakteristisch für die Tandem-Methode ist.

Die Tandem-Methode ermöglicht lebendiges und gemeinschaftliches Lernen im Rahmen einer direkten Begegnung. Tandemkurse sind sehr fröhliche, lustige und bereichernde Kurse, die Sprechhemmungen gar nicht erst aufkommen lassen. Der Erfolg dieser Methode beruht vor allem auf der Tatsache, dass beim Lernen im Tandem alle Faktoren zusammenspielen, die ideale Lernbedingungen schaffen: Neugierde, Motivation, Selbstständigkeit und Spaß.

## 2. Die verschiedenen Arbeitsphasen

- Tandembildung
- Die Erarbeitungsphase
- Die Präsentationsphase

Diese drei Phasen bilden den Ablauf jeder Tandem-Begegnung.

### a. Tandem-Bildung

Wie werden die Arbeitsteams gebildet? Im Allgemeinen entscheidet der Zufall. Die Kursleiter verteilen an jeden Lerner ein Kärtchen. Jeder Lerner sucht dann seinen Partner, der das dazu passende Kärtchen hat:

Beispiel 1: eine zweigeteilte Zeichnung

Beispiel 2: ein Ausdruck und seine Entsprechung in der Fremdsprache

*simple comme bonjour*  *kinderleicht*

Man kann hierzu alle möglichen zum Thema passenden Materialien einsetzen (Postkarten, unvollständige Texte, Zeichnungen, Spiele etc.), siehe auch Zusatzmaterial 1., S. 82–84. Die Tandems setzen sich anschließend immer zu zweit an einen Tisch. Die Tandems sollten – falls möglich – nicht zu dicht beieinander sitzen, damit sie sich nicht gegenseitig bei der Arbeit stören.

### b. Erarbeitungsphase (im Tandem)

Die Tandems arbeiten nun gemeinsam mit einem Lernbogens des Dossier. Die Arbeit findet zunächst in der einen und dann in der anderen Sprache statt. Während dieser Arbeitsphase werden die wesentlichen Elemente der Tandem-Methode sichtbar:

- Kooperation
- Konzentration der Lerner
- Authentizität der Kommunikation
- Autonomie der Lernenden
- entspannte Lernatmosphäre
- veränderte Kursleiterverhalten

Die Arbeit im Tandem beruht auf dem Prinzip der gegenseitigen Unterstützung: Der deutsche Teilnehmer hilft seinem Partner während der deutschen Arbeitsphase, der französische Teilnehmer hilft seinem Partner während der französischen Arbeitsphase.

Dieses Prinzip der gegenseitigen Unterstützung und der Zusammenarbeit ist grundlegend für das Lernen im Tandem. Der hieraus resultierende soziale Bezug ist ein ganz entscheidender Punkt: Jeder Lerner ist in der Tat in die Lernprogression seines Partners mit einbezogen und fühlt sich aus diesem Grund verantwortlich für die Lernfortschritte seines Tandem-Partners.
Während dieser Phase halten sich die Kursleiter zurück, sie intervenieren nur bei Bedarf, d.h. sie müssen in jedem Fall den Lernern einen Teil ihrer Verantwortung überlassen.
Sie müssen darauf achten, dass beide Sprachen nacheinander angewandt werden (eine nach der anderen und nicht beide gleichzeitig!) und dafür die Sprachwechsel rechtzeitig ankündigen (vgl. Die neue Rolle der Lehrenden S. 45). Im Allgemeinen dauert eine Sprachphase ca. 15–20 Minuten.

### c. Präsentationsphase (im Plenum)

Nach der Erarbeitungsphase im Tandem versammeln sich alle Teilnehmer im Plenum (U-Form oder Kreis), um die Ergebnisse der Tandems zu erfahren. Jedes Tandem stellt dabei seine Arbeitsergebnisse vor.
Die Regel zur Sprachanwendung ist dieselbe wie für die Erarbeitungsphase: Die unterschiedlichen Sequenzen der Präsentation müssen **einsprachig** sein: Die Ergebnisse können erst in der einen und dann in der anderen Sprache präsentiert werden, aber niemals in beiden Sprachen gleichzeitig. Ein Tandem sollte **niemals die Sprachen vermischen**. Bei einem Rollenspiel spielt jedes Tandem die Szene zunächst z. B. auf Deutsch und beim anderen Mal auf Französisch. Dem Sprachwechsel muss aber auch ein Rollenwechsel folgen.

Wenn die Gruppe sehr groß ist, z. B. im Rahmen einer Städtepartnerschafts-Begegnung, sollten die Tandems lediglich eine Auswahl ihrer Arbeit vorstellen, um die Zuhörer nicht zu ermüden und um jedem Tandem zu ermöglichen, wenigstens einen Teil seiner Ergebnisse zu präsentieren.

Hier einige mögliche Anweisungen zur Einführung einer verkürzten Präsentation:

> „Sie haben zwei Minuten Zeit, Ihre Ergebnisse vorzustellen."
> „Was war für Sie am interessantesten?"
> „Was haben Sie Neues über Ihren Partner erfahren?"
> „Also, was haben Sie beschlossen?"

Die Vorteile dieser Arbeitsphase liegen auf der Hand:
- Sie erlaubt zunächst den verschiedenen Tandems wieder Kontakt mit der Gruppe aufzunehmen, um nun etwas über die Arbeit der anderen zu erfahren. Diese „Neuigkeiten" sind oftmals begleitet von lustigen Kommentaren und Lachern. In diesen Momenten tritt der für diese Methode spezifische interkulturelle Austausch am deutlichsten hervor. Diese Phase ist also ein unverzichtbares Element für die Dynamik der Gruppe.
- Im Plenum können die Teilnehmer ihre mündliche Sprachkompetenz trainieren. Die reale Konfrontation mit einer anderen Sprache / Kultur bedeutet immer, Toleranz zu lernen sich selbst und den anderen gegenüber, und diese Toleranz bezieht sich auch auf Fehler, sowohl auf die der anderen als auch auf die eigenen. Sobald die Angst vor Fehlern beim Sprechen überwunden ist, kann sich der Spaß am Sprechen der Fremdsprache entfalten. Genau dieses Lernvergnügen und diese Freude am Sprechen sind die Erfolgsgaranten der Tandem-Methode, die jede Tandem-Begegnung begleiten.
- Da viele Transferaktivitäten im Plenum stattfinden, gibt es dort die Möglichkeit zur Wiederholungs- und Vertiefungsarbeit, folglich auch eine Wiederholung und Festigung der neu erworbenen Kenntnisse.
- Als echter „runder Tisch" erlaubt das Plenum den Teilnehmern die Sprache unmittelbar zu erleben. Diese Wirkung kann nur durch die Anwesenheit von Muttersprachlern beider Sprachgemeinschaften erzielt werden.
- Mit Hilfe des Plenums haben die Kursleitern zugleich eine gewisse Kontrolle über die Arbeit der Tandems in der Erarbeitungsphase und können auf diese Weise das Niveau und die Progression der einzelnen Lerner einschätzen.

Das Plenum ist unerlässlich zum Abschluss eines Lernbogens. Es handelt sich dabei um die zentrale Aufgabenstellung eines Lernbogens, auf die alle anderen Aktivitäten vorbereiten (einschließlich Sprüche, Strukturteil etc.).
Nach den Einstiegsaktivitäten eines Lernbogens ist das Plenum fakultativ. Sofern kein Plenum durchgeführt wird, können die Lehrer kurz gemeinsam mit der Gruppe die Ergebnisse sammeln und die für die weitere Arbeit erforderlichen Elemente in Form von zweisprachigen Wortfeldern oder Schaubildern zum Wiederholen anschreiben, um die weitere Arbeit der Tandems zu unterstützen.
Eine Tandem-Begegnung muss mindestens eine Präsentationsphase beinhalten.

Am Ende der Präsentationsphase ist es möglich, einige Elemente der Ergebnisse kurz zu vertiefen; zum Beispiel können Fehler, die zu oft auftauchen, korrigiert werden. Auch können jetzt Strukturen systematisiert werden, die bereits gelernt wurden.
Diese Vertiefungsphase, ist fakultativ. Sie sollte situationsgebunden den Bedürfnissen und Erwartungshaltungen der jeweiligen Lerngruppe angepasst werden.
Der Dialog zwischen Kursleitern und Teilnehmern darf in keinem Fall in einen Frontalunterricht münden. Die Interaktion zwischen den beteiligten Lernern hat immer Vorrang.

## 3. Die Besonderheiten der Tandem-Methode

### a. *Die neue Rolle der Lehrenden*
Die Lehrer:
- legen den Rahmen des Lernprozesses fest
- regen den Austausch an
- beobachten
- intervenieren bei Bedarf
- geben Ratschläge
- müssen sich diskret verhalten können
- achten auf den paritätischen Gebrauch der beiden Sprachen

Die Tandem-Kursleiter legen den Rahmen für den Lernprozess fest. Sie schaffen eine ansprechende Atmosphäre, die diese Form des Lernens begünstigt (sie bereiten das Material vor, sie moderieren und motivieren).

Während der Erarbeitungsphase haben die Kursleiter die Aufgabe, die Lerner während ihrer selbstständigen Arbeit zu beobachten, zu beraten und zu begleiten. Sie intervenieren nur im Bedarfsfall.
Die Kursleiter haben die pädagogische Gesamtverantwortung für die jeweiligen Abläufe, überlassen aber den einzelnen Tandems die individuelle Steuerung des Lernprozesses. Die Tandem-Methode lebt davon, dass die (mutter)sprachliche Kompetenz der Lerner gewinnbringend eingesetzt wird. In dieser Phase müssen sich die Tandem-Kursleiter zurücknehmen, um dies zu ermöglichen. Dabei übergeben sie einen Teil ihrer Verantwortung und ihrer Autorität an die Lerner, denn die Lerner sind – wenn in ihrer Sprache gearbeitet wird – auch selbst kompetent.
Die Verteilung der Kompetenz zwischen Unterrichtenden und Lernenden leistet einen entscheidenden Beitrag zur entspannten Lernatmosphäre von Tandemkursen und letztendlich zum Spaß beim Sprechen in der Fremdsprache.
Jedoch bedeutet die Tatsache, eine Sprache fließend zu sprechen noch lange nicht, dass Muttersprachler auch über ein sprachsystematisches und pädagogisches Wissen verfügen. Aus diesem Grund müssen die Kursleiter immer darauf achten, dass die Tandems gut arbeiten: Z. B. müssen sie Lernern helfen, wenn sie Schwierigkeiten haben, ihren Partnern etwas zu erklären.
Die Rolle der Kursleiter ist deshalb sehr wichtig: Sie müssen als letzte Instanz die Hilfestellungen geben, die die Tandems sich selbst nicht geben können.
Eine weitere immens wichtige Aufgabe der Lehrer ist es, jedem Lerner auch ein gewisses pädagogisches Vorgehen zu vermitteln, d. h. seinen Partner durch Hilfestellung, Ermutigung oder Verbessern dazu anzuleiten, dass er die Aufgaben selbst macht. Übermäßige Hilfe kann den Lernfortschritt ebenfalls behindern.

Während der Präsentationsphase ist es wichtig, dass die Kursleiter sich nicht auf die sprachlichen Fehler konzentrieren, sondern sich im Sinne einer funktionierenden Kommunikation in hohem Maße tolerant zeigen: „Das, was du sagst, interessiert mich, nicht aber der Fehler, den du beim Sprechen gemacht haben könntest."
Die Fehlerkorrektur darf auf keinem Fall die Kommunikation unterbrechen. Oftmals korrigieren sich die Lerner untereinander, was sicherlich die bessere und somit effektivere Methode ist, da sie sehr vorsichtig und durch behutsames Nachfragen Verständnisschwierigkeiten aus dem Weg räumen.
Die Präsentationsphase fordert darüber hinaus die animatorischen Fähigkeiten der Kursleiter (Sinn zur Beobachtung, Sinn für die Sprachaufteilung, Fähigkeit zum Improvisieren, Humor etc.). Sie regen die Präsentation der Arbeit im Tandem an, sie motivieren die Teilnehmer und bringen die Diskussion in Gang etc.

Die Tandem-Kursleiter müssen den paritätischen Gebrauch beider Sprachen garantieren. Die Lerner selbst sind darauf sehr bedacht. Die Kursleiter gewährleisten die Zweisprachigkeit insbesondere durch die Ankündigung des Sprachwechsels oder dadurch, dass sie die Anweisungen übersetzen oder übersetzen lassen (Anleitungen, Kommentare, Erklärungen etc.).
Wenn sich die Lehrer an die ganze Gruppe wenden, spricht der französische Muttersprachler Französisch und der deutsche Deutsch.

### b. *Vermittlung der Landeskunde*

Die Lernbögen haben die Funktion, den ersten Impuls zu setzen, der dann eine wahre „Explosion" von Informationen und Kenntnissen auslösen soll.
Lernen im Tandem bedeutet, in Begleitung eines Muttersprachlers zu lernen, was einer authentischen Kommunikationssituation gleichkommt. Der Partner hat sozusagen die Rolle eines idealen

„authentischen Dokuments". Er bringt Informationen aus erster Hand bezüglich seines Landes, seiner Sprache und seiner Kultur ein. Er sitzt an der Quelle des interkulturellen Lernens.

Diese interkulturellen Begegnungen bewirken, dass Vorurteile und Klischees überprüft und modifiziert werden. Die wirkliche Begegnung mit einer anderen Sprache und einer anderen Kultur ist immer gleichbedeutend mit Bereicherung und trägt zu einem besseren Verständnis des anderen und der eigenen Person bei.

Die Kursleiter müssen selbstverständlich zusätzliches Material einsetzen, das den Bedürfnissen jeder Gruppe hinsichtlich der Kursziele angepasst ist (Prospekte, Pläne, Texte etc.). Sie sollten auch die Lernenden an der Materialsuche beteiligen. Die Motivation der Lerner wird dadurch verstärkt, dass sie von Anfang an in den interkulturellen Austausch eingebunden sind.

### c. Vermittlung der Grammatik

Eine Grammatikvermittlung im herkömmlichen Sinne ist in einem solchen Lernkontext nicht möglich. Erinnern wir uns an dieser Stelle, dass das oberste Ziel einer Tandem-Begegnung die Verbesserung der Sprachkompetenz ist sowie die direkte Anwendung der erworbenen Kenntnisse in einem authentischen Kontext der Begegnung.
Die das Wesen der Tandem-Methode kennzeichnende Zweisprachigkeit legt einen vergleichenden methodischen Ansatz im Umgang mit den Sprachstrukturen nahe. Der Vorteil der Zweisprachigkeit ist offenkundig: Die Teilnehmer vergleichen von selbst die beiden Sprachen und stellen Unterschiede („Oh, bei uns sagt man, ...") oder Ähnlichkeiten („Ach, wir sagen es genauso ...") fest. Diese Form des Vergleichens fördert die Bewusstmachung und das Behalten der Strukturen der Fremdsprache. Man darf vor allem nicht vergessen, dass die grammatischen Strukturen, die wir im Allgemeinen behandeln, den schon etwas fortgeschrittenen Lernern bekannt sind. Es kann sich in diesem Kontext lediglich um eine grammatische Wiederholung handeln (vgl. Aufbau eines Lernbogens, Seite 49).

### d. Heterogene Lernergruppen: ein Problem?

Im Unterschied zu monolingualen traditionellen Kursen, in denen sich der Kursleiter an eine ganze Gruppe wendet und damit ein imaginäres homogenes Niveau voraussetzt, geht der Tandem-Partner / Tandem-Lehrer immer von dem ganz individuellen, aber realen Niveau seines momentanen Partners / Lerners aus. Die Kommunikation in einem Tandemkurs entwickelt sich immer zwischen zwei Partnern, nicht aber – wie in traditionellen Kursen – zwischen einer Person und einer Gruppe.

Während der Erarbeitungsphase, die in gewisser Hinsicht einem Einzelunterricht entspricht, stellt sich dieses Problem nicht, da jeder Lerner bei seiner Arbeit von seinem eigenen Kenntnisstand ausgeht, dem sich der Partner, der die Rolle des „Lehrers" spielt, anpassen muss.
Hier garantiert die sprachliche Kompetenz jedes Teilnehmers das Gleichgewicht der Arbeit: Bei einem Tandem mit ungleichen Kenntnissen wird man lediglich während der Präsentationsphase feststellen, dass die Ergebnisse des fortgeschritteneren Partners elaborierter sind als die seines Partners. (vgl. Zusatzmaterialien 3., Seite 86).
Dieser Unterschied hat keinen Einfluss auf die individuelle Arbeit jedes einzelnen Lerners: Jeder arbeitet auf seinem Niveau, aber mit Hilfe des Partners!

Auch während der Präsentationsphase ist der Lerner niemals auf sich allein gestellt, da er jederzeit mit seinem Partner rechnen kann, der jeweils übersetzt, erläutert, interpretiert, was dem nicht so weit fortgeschrittenen Lerner erlaubt, der Präsentation oder der sich anschließenden Diskussion zu folgen. Es handelt sich hier natürlich um ein Globalverständnis. Ähnlich wie bei einem Auslandsaufenthalt profitiere ich in jedem Moment vom Sprachbad, selbst wenn ich nicht jedes Wort verstehe.

# Première rencontre  Erste Begegnung

## 1. Das Dossier

### a. Aufbau

Das Dossier *Première rencontre  Erste Begegnung* setzt sich aus 11 zweisprachigen Lernbögen zusammen. Es ist das Ergebnis mehrjähriger Reflexion und ständigem Experimentierens. Die pädagogische Qualität dieses Materials wurde in zahlreichen Tandemkursen getestet.

Jeder einzelne Lernbogen bildet einen ersten Einstieg in ein Thema. Die Bögen sind bewusst sehr allgemein gehalten, damit sie in möglichst vielen Lernsituationen eingesetzt werden können (ein vorgefertigter Lernbogen über die beiden Partnerstädte Boulogne – Zweibrücken würde für Teilnehmer aus Marseille und Hamburg nicht von Interesse sein). Es bleibt den Tandem-Kursleitern und den Tandem-Partnern überlassen, das notwendige Zusatzmaterial hinsichtlich der Gegebenheiten im Kurs zusammenzustellen.

### b. Themen

Für das Dossier *Première rencontre Erste Begegnung* haben wir uns für Themen von allgemeinem Interesse entschieden, klassische Konversationsthemen für erste Begegnungen. Lernen im Tandem heißt „vor Ort" lernen, ähnlich wie bei einem Miniaufenthalt im Ausland: Was erzählen sich ein Franzose / eine Französin und ein Deutscher / eine Deutsche, wenn sie sich zum ersten Mal sehen? Natürlich werden sie sich über ihre Familie, ihre Stadt, ihre Arbeit unterhalten und später vielleicht über ihren Alltag, ihre Träume etc.

Die Originalität dieses Lerndossier besteht weniger in den ausgewählten Themen als vielmehr darin, wie die Themen aufbereitet und bearbeitet werden.

### c. Die Zielgruppen

Die Lernbögen des Dossier *Première rencontre Erste Begegnung* wenden sich an alle Personen (Erwachsene, Schüler, berufsbezogene Gruppen etc.), die gern ihre Fremdsprachenkenntnisse verbessern und mit einem Muttersprachler in einer authentischen Situation in die Praxis umsetzen möchten.

Die verschiedenen Aktivitäten sind für alle Niveaustufen einsetzbar, von den sogenannten „falschen" Anfängern bis hin zu den Fortgeschrittenen. Es versteht sich jedoch von selbst, dass die Ergebnisse der etwas komplexeren Abschlussaktivitäten sehr stark vom Sprachniveau des einzelnen Lerners abhängen (vgl. Zusatzmaterialien 3., Seite 86)

## 2. Die Lernbögen

### a. Warum Lernbögen?

Der didaktische Ansatz der Tandem-Methode erfordert ein Material, das den spezifischen Bedürfnissen jeder Lerngruppe anpassbar ist. In Absprache mit der jeweiligen Gruppe legen die Kursleiter die Reihenfolge der Lernbögen fest: Jeder Bogen kann für sich genommen benutzt werden. Dies spiegelt den Gedanken der Autonomie beim Tandem-Lernen wieder.

Darüber hinaus steht beim Lernen im Tandem die durch die Lernbögen visualisierte individuelle Progression im Zentrum, nicht aber die Progression der Gruppe, die besser von einem traditionellen Lehrwerk unterstützt werden würde.

Außerdem akzentuieren die Lernbögen die Zweisprachigkeit der Methode, die sie dadurch visualisieren, dass eine Seite französisch und die andere deutsch gehalten ist.

*b. Allgemeine Beschreibung*

Die Nummerierung der Lernbögen (von 1–11) steht in keinem Zusammenhang mit einer internen Progression des Dossiers, sondern wurde lediglich aus praktischen Gründen beibehalten.
Die Gebrauchsreihenfolge der Bögen kann entsprechend den Bedürfnissen oder Interessen der Gruppe festgelegt werden (z. B. kann man den Lernbogen „*Bonnes vacances ! / Schöne Ferien!*" vor den Sommerferien einsetzen, oder den Bogen „*De ville en ville / Von Stadt zu Stadt*" vor einem Ausflug in die Stadt des Partners. Nur der erste Lernbogen „*On se connaît ? / Kennen wir uns?*" sollte in der ersten Tandem-Begegnung eingesetzt werden.

*c. Aufbau eines Lernbogens*

- Spruch des Tages
  Dem Thema des Lernbogens angepasst ist der „Spruch des Tages", der erste Einstieg in das ausgewählte Thema. Es handelt sich dabei um einen Gedanken oder eine Lebenseinstellung aus der französischen oder der deutschen Kultur. Der „Spruch des Tages" lädt zum Nachdenken ein, zum Vergleich und zum Schmunzeln ... seine Leichtigkeit darf nicht verlorengehen.
  Der Spruch des Tages richtet sich an die ganze Gruppe. Er kann übersetzt, kommentiert, kritisiert und vervollständigt werden. Er kann auch an die Wand projiziert oder an die Tafel geschrieben werden und eine ganze Unterrichtsstunde begleiten.
  Er erscheint zumeist nur in einer Sprache.

- Die Aktivitäten
  Jeder Lernbogen enthält eine Reihe von verschiedenen Aktivitäten. Die ersten Aktivitäten sind Vorbereitungsaufgaben – meistens in Form von Wortschatzarbeit – zur Vorbereitung auf die komplexere Transferaktivität zum Abschluss.

- Grammatik
  Eingeleitet durch die Formel **Comparez ! / Vergleicht!** unterstützt sie diejenigen Lerner, die sich die Sprache ihres Partners bewusst machen und Ähnlichkeiten und Unterschiede kennenlernen wollen. Diese Minigrammatik greift ein Problem heraus, das sich möglicherweise stellt. Der Grammatikteil wird den Teilnehmern lediglich zur Verfügung gestellt und ist freiwillig zu behandeln.

- Spiel & Spaß
  Auf jedem Lernbogen befindet sich ganz unten die *Spiel & Spaß* Ecke. Sie beinhaltet Spiele, lustige Geschichten, Rätsel ...
  Diese Aktivität sollte den Lernern überlassen bleiben. Es ist ja die Pausenecke: „In der Pause mache ich, was ich will. Hier auch!" Die Pausenecke regt dennoch manchmal zum Plaudern an.

- Arbeitsanweisungen
  Jeder Bogen verfügt über klare und genaue Arbeitsanweisungen, die aber mit den Lernern noch einmal gemeinsam durchgegangen werden sollten.

*d. Progression innerhalb eines Lernbogens*

Die vorgeschlagenen Aufgaben auf der französischen bzw. deutschen Seite sind manchmal identisch, manchmal nur ähnlich oder sie ergänzen sich.
Jeder Lernbogen folgt in sich einer regelmäßigen Progression: vom ganz Einfachen (z. B. Wortschatz erarbeiten) zum Komplexen (kreative Übungen, eigenständige Textproduktion). Durch diese interne Progression eignen sich die Lernbögen für Gruppen mit Lernern unterschiedlicher Sprachniveaus und erleichtern die Steuerung der Niveau-Unterschiede innerhalb einer Lerngruppe.

## 3. Regeln und Anwendungshinweise

### a. Wer arbeitet mit welcher Seite des Lernbogens?

Der französische Lerner **lernt** auf der deutschen Seite (Bogen), der deutsche Lerner **lernt** auf der französischen Seite (fiche).

Aber Vorsicht! Wenn die Arbeit auf deutsch durchgeführt wird, arbeiten beide Partner auf der deutschen Seite (Bogen), sobald die Arbeitssprache französisch ist, arbeiten beide Partner auf der französischen Seite (fiche).

### b. Welche Sprache beginnt?

Man kann hier verschiedene Möglichkeiten wählen:
- Im Allgemeinen legt der Lehrer die Sprache fest, in der die Tandems zuerst arbeiten. In diesem Fall muss er daran denken, beim nächsten Mal mit der anderen Sprache anzufangen.
- Im Fall einer Begegnung oder eines Austausches ist es ratsam, die Arbeit mit der Sprache der Gäste zu beginnen. Hierbei handelt es sich um eine kleine aber feine Aufmerksamkeit.
- Die Konzeption der Lernbögen gibt die Sprache, mit der begonnen wird vor: zum Beispiel für die erste Aktivität des Bogens / fiche 2 *Loisirs – plaisirs / Freizeit – Vergnügen* ist es notwendig, mit dem Bogen (Vokabelsuche) zu beginnen und dann anschließend zur fiche zu wechseln (Klassifizierung der Vokabeln). Die Ausgangssprache ist in diesem Fall deutsch.

### c. Der Umgang mit den beiden Sprachen

- Paritätischer Gebrauch
  Beide Sprachen müssen in gleichem Maße geübt werden. Die Arbeitssequenzen müssen in jeder Sprache von gleicher Dauer sein.
- Kein Vermischen der Sprachen
  Die Kursleiter müssen sich darüber im Klaren sein, dass die Arbeit im Tandem viel effektiver ist, wenn das Tandem immer nur in einer Sprache spricht. Der Lerner soll ja in die Sprache eintauchen. Die Anweisung „Beginnt in einer Sprache und bleibt in dieser Sprache" muss öfter wiederholt werden, da sie von fundamentaler Bedeutung ist.

### d. Ein Lernbogen pro Tandem-Begegnung?

Eine Tandem-Begegnung dauert im Allgemeinen mindestens zwei Stunden. Wie lange man für einen Lernbogen braucht, hängt von mehreren Faktoren ab:

- von der Gruppe
  - Sprachniveau
  - Gruppendynamik
  - Zusammensetzung der Tandems
  - Erwartungen, Ziele
- vom Lernbogen
  - Anzahl und Umfang der vorgeschlagenen Aufgaben
  - Komplexität des Themas
  - Mögliche Erweiterung

Man muss also mindestens ein Semester für das Dossier *Première rencontre Erste Begegnung* vorsehen, da die Tandem-Pädagogik darüber hinaus zusätzliche Aktivitäten vorsieht (Ausflüge, Besuche, Besichtigungen etc.), die zusammen mit den Lernern organisiert werden sollten.

### e. Hausaufgaben

Die Hausaufgaben sind auf die jeweiligen Bedingungen im Tandemkurs abzustimmen. Dies erfordert vom Kursleiter hohe Flexibilität und viel Geistesgegenwart. In einigen Fällen haben wir dennoch konkrete Vorschläge gemacht. Als allgemeine Regel gilt, dass die Hausaufgaben in der nächsten Sitzung vom Tandem-Partner korrigiert werden.

# Von Bogen zu Bogen: konkrete Hinweise zum Gebrauch der Lernbögen

# Kennen wir uns? / On se connaît ?

| | |
|---|---|
| Lernziele: | den ersten Kontakt herstellen, sich kennenlernen |
| | über sich und über eine andere Person sprechen |
| | über die Familie, Vorlieben und Abneigungen, die Arbeit,... sprechen |
| Aktivitäten: | zeichnen |
| | Dialog und Interview |
| Strukturen: | sein, haben, machen, mögen / être, avoir, faire, aimer |
| | aimer + bestimmter Artikel / aimer + Infinitiv |
| | das Possessivpronomen |
| Wortschatz: | Familie |
| | Freizeit und Sport |

## *Allgemeine Information*

Die erste Begegnung hat eine ganz besondere Bedeutung: Die Lerner kennen sich noch nicht und Hemmungen sollten gar nicht erst aufkommen. Aus diesem Grund ist es sehr wichtig, zwischen den Gruppenmitgliedern zahlreiche Interaktionen einzuleiten.

Wichtigste Zielsetzungen der allerersten Begegnung:
- die Teilnehmer mit der Methode vertraut machen
- die Gruppendynamik in Gang setzen
- eine entspannte Arbeitsatmosphäre herstellen, um Berührungsängste abzubauen
- das Niveau der Gruppe einschätzen

Um die Bedeutung dieser allerersten Begegnung zu unterstreichen, fügen wir den authentischen Bericht über eine erste Tandem-Begegnung bei (s. Seite 54). Die dort aufgeführten Bemerkungen und erstaunten Reaktionen erscheinen uns besonders wichtig, da aus ihnen das Staunen und der Enthusiasmus der hospitierenden Lehrerin sprechen. Es sei noch einmal daran erinnert: Wir müssen uns definitiv von den alten pädagogischen Vermittlungsprinzipien und Verhaltensmustern verabschieden.

## *Unterrichtsverlauf*

Vgl. das beigefügte Protokoll (Seite 54).

Tandem-Bildung

**1    2    3        1    2    3**

Der Einsatz von zweifarbigen durchnummerierten Karten hat den Vorteil, dass man sich automatisch auf die Zahl der anwesenden Lerner einstellen kann, ein Faktor, den man vorab nicht immer einschätzen kann.

Spruch des Tages
Am Anfang ist es gut, öfters die Aufmerksamkeit der Teilnehmer auf den Spruch des Tages zu lenken, damit sie mit dem grundlegenden Prinzip des Arbeitens im Tandem vertraut werden. Dieser „Spruch des Tages" ist der einzige im Lerndossier, der in beiden Sprachen angegeben ist. Er ist weniger ein Sprechanlass als eine Vorgabe zur unmittelbaren Umsetzung für die Lerner.

„*Und denke d'ran: Zu zweit geht's viel besser!*"

« *Et surtout n'oublie pas : A deux, ça va bien mieux !* »

**1** Bogen = fiche
Zeichnung

Diese durch kleine Zeichnungen angeregte Aktivität bietet viele Vorteile:
- sie entspannt die Lernatmosphäre (spielerischer Aspekt)
- der Lerner ist nicht gezwungen, sofort von sich selbst zu sprechen
- sie benötigt nicht viel Zeit (Spontaneität)
- sie fordert die Kreativität der Teilnehmer (s. Protokoll Seite 55)

**2** Bogen = fiche
Von sich und von anderen sprechen
Interview

Die grammatischen Kategorien **Weißt du es noch?** und **Tu te souviens ?** sollten in diese Aktivität, sofern es erforderlich ist, integriert werden. Es handelt sich hierbei lediglich um ein Auffrischen.

Im Plenum
Die Präsentationsphase verdient besondere Aufmerksamkeit, denn die Teilnehmer lernen sich jetzt kennen. Am Ende des Plenums können die Lehrer einige „Kontrollfragen" stellen. Diese Fragen zur Vertiefung dürfen jedoch nicht die Vorstellungsrunde unterbrechen. Vorrangig ist hierbei, dass die Teilnehmer die Gelegenheit haben, sich kennenzulernen und erste Kontakte zu knüpfen.

Spiel & Spaß / Coin-récré
Zwei kleine lustige Geschichten, die den Tandems zur freien Verfügung gestellt werden.
Coin-récré : Was sagt man auf Deutsch zu einem Hund, wenn man ihm Befehle gibt? („Sitz!", „Kusch!", „Platz!" etc.)
Fragen Sie Ihre Teilnehmer, ob sie Hunde oder andere Haustiere haben.
Spiel & Spaß : Und Sie, wie gut können Sie Französisch? etc.

Vorschlag für Hausaufgaben
(s. Protokoll Seite 59).

*Première rencontre* Erste Begegnung

# Protokoll einer ersten Tandem-Begegnung

**Volgelsheim, Wintersemester 1997**
VHS Breisach / Alactra Volgelsheim

Erster Abend: 14.1.1997
TN-Zahl: 17 (7 Tandems + 1 Tridem)
Dauer des Abends: 135 min

**Thema:** Gegenseitiges Kennenlernen – Faire connaissance

**Material:** *Première rencontre Erste Begegnung*, Dossier pour apprendre en tandem
Lerndossier für Tandemkurse
Bogen 1 / Fiche 1      Kennen wir uns? / On se connaît ?
1 DIN-A4-Blatt pro Teilnehmer/-in
nummerierte Kärtchen in zwei Farben

**Interaktions-**     Alles geschieht zweisprachig (alles oder fast alles wird übersetzt)
**formen:**           kein frontaler lehrerzentrierter Unterricht
die Kursteilnehmer agieren mehr als die Kursleiterinnen
die Arbeitsformen:     Einzelarbeit (sehr kurz)
                       Arbeit in Tandem oder Tridem (1 Franzose und
                       2 Deutsche)
                       Arbeit im Plenum

## Verlauf des Abends

**Begrüßung der Teilnehmer**            (Dauer: ca. 5 min)
Die Kursleiterinnen (eine Deutsche und eine Französin) begrüßen die Teilnehmer auf Deutsch und Französisch. Anschließend präsentieren sie das Programm des Abends und stellen die Tandem-Methode vor. Alle Erklärungen werden in beiden Sprachen gegeben.

„Was ist Tandem-Arbeit?"
« Le travail en tandem, qu'est-ce que c'est ? »

Die „Spielregeln / Règles du jeu" befinden sich auf der Innenseite des Umschlags des Dossiers. Die Teilnehmer werden gebeten, sie still und jeder für sich zu lesen. Diese Regeln werden dann kurz kommentiert und erläutert.     (Dauer: ca. 10 min)

**1. Phase: die Bildung der Tandems**            (Dauer: ca. 5 min)
Die Tandems werden nach dem Zufallsprinzip gebildet. Die Kursleiterinnen haben 2 Päckchen zweifarbiger Kärtchen vorbereitet. Die Kärtchen (rosa oder blau) werden nach Anzahl der Anwesenden nummeriert: Je zwei Kärtchen haben die gleiche Nummer.

Die Franzosen werden aufgefordert auf die linke Seite zu gehen (zu einer Dozentin), die Deutschen auf die rechte Seite (zu der anderen Dozentin), und die nummerierten Kärtchen werden verteilt. Die Franzosen bekommen z.B. die blauen und die Deutschen bekommen die rosa Kärtchen: Nummer 1 blau wird dann mit Nummer 1 rosa zusammenarbeiten. Für das nicht vorgesehene Tridem wird schnell ein zusätzliches Kärtchen mit der Nummer 1 vorbereitet. Die Teilnehmer gehen dann auf „Partnersuche".

Die gebildeten Tandems werden dann aufgefordert, sich einen Tisch auszusuchen, um mit der Arbeit beginnen zu können.

### 2. Phase: die Erarbeitungsphase

Die Kursleiterinnen schlagen jetzt das Thema vor und bitten die Teilnehmer, Bogen 1 / fiche 1 *Kennen wir uns? / On se connaît?* des Dossiers *Première rencontre Erste Begegnung* herauszunehmen, und sie verteilen ein vorbereitetes leeres DIN-A4-Blatt für die Zeichnungen.

Die deutschen Teilnehmer sollen auf der französischen *fiche* arbeiten und die französischen Teilnehmer auf dem deutschen *Bogen*. An dieses grundlegende Prinzip muss öfter erinnert werden: Die Kursleiterinnen gehen von Tisch zu Tisch, um sicher zu sein, dass die Tandems diese Arbeitsanweisungen auch richtig befolgen.

Ziel und Arbeitsweise werden kurz noch einmal dargestellt:
„Wir wollen uns kennenlernen mit Hilfe dieses Arbeitsbogens ...
Die Deutschen arbeiten auf der französischen Seite, die sich *fiche* nennt, und die Franzosen auf der deutschen Seite, die *Bogen* heißt."
« Nous voulons faire connaissance à l'aide de cette première fiche de travail. Les Français, vous travaillez sur le côté allemand qui s'appelle Bogen et les Allemands, vous travaillez sur le côté français, que nous appelons fiche. »

„Sie werden jetzt von sich mit Zeichnungen erzählen. Diese Arbeit soll schnell gehen. Sie haben maximal 10 Minuten Zeit."
« Pour commencer, vous allez parler de vous avec des dessins. Le travail doit être effectué assez rapidement: vous avez au maximum 10 minutes. »

#### a. Einzelarbeit: zeichnen (Dauer: 10 min)

Diese Phase beginnt mit Einzelarbeit. Die Kursteilnehmer sollen zuerst mit Zeichnungen von sich reden. Alle machen sich sofort an die Arbeit. Einige stöhnen zwar, dass sie nicht zeichnen könnten ... Später stellt sich jedoch heraus, dass gerade die „Nicht-Zeichner" sehr lustige Einfälle hatten. Diese Aktivität ist von kurzer Dauer: Es geht nur darum, sich schnell etwas einfallen zu lassen.
Das Zeichnen als Aktivität wirkt sehr auflockernd. Die Teilnehmer arbeiten sehr konzentriert.

#### b. Arbeit im Tandem (Dauer: ca. 40 min, 2 x 20 Minuten pro Sprache)

Die Kursleiterinnen leiten die neue Arbeitsphase ein:

„Tauschen Sie jetzt Ihre Arbeitsblätter und versuchen Sie, die Zeichnungen Ihres Partners zu deuten. Raten Sie. Stellen Sie ihm auch viele Fragen! Wer ist denn Ihr Partner?"
« Maintenant, vous échangez vos feuilles et vous essayez d'interpréter les dessins de votre partenaire. Devinez ce qu'il a voulu dire et posez-lui des tas de questions ! Qui est votre partenaire ?»

Die Kursleiterinnen weisen noch kurz auf den Spruch des Tages (oben rechts) und wiederholen noch einmal die wichtigsten Spielregeln:
„Wir fangen heute mit der französischen Sprache an. Sprechen Sie jetzt nur französisch und bleiben Sie in dieser Sprache. Nehmen Sie sozusagen ein Französisch-Bad!"
« Nous commençons aujourd'hui par le français. Attention, vous parlez maintenant français. Ne changez pas de langue, restez dans cette langue, prenez un bain de français !»

„Und denken Sie daran, dass Sie Ihren Partner nachher der Gruppe vorstellen werden.
Machen Sie sich Notizen!"
« N'oubliez pas que vous devez présenter votre partenaire ensuite au groupe entier.
Prenez des notes pour mieux vous souvenir. »

Die Kursteilnehmer fangen gleich mit der Arbeit an. Es ist ziemlich laut und das Ratespiel macht ihnen großen Spaß. Die „Unbeholfenheit" einiger Werke führt zu lustigen Situationen. Es wird sehr viel gelacht. Das Eis ist gebrochen!

*Meine Beobachtungen*

*– Sprachverwendung*
*Alle Anweisungen wurden zweisprachig erteilt und oft wiederholt. Die französische Dozentin spricht mit der Gruppe immer französisch und die deutsche Dozentin deutsch.*

*– Methode*
*Die beiden Kursleiterinnen bleiben im Hintergrund und helfen nur, wenn nötig oder erwünscht. Nach ca. 2 Minuten gehen sie von Tisch zu Tisch, um das richtige Funktionieren der Tandem-Arbeit zu überprüfen. Sie helfen auch ab und zu bei der Suche nach einem Wort oder einer Redewendung ... Einige Tandems brauchen deren Hilfe öfter, andere fast nie.*

*– Atmosphäre*
*Sehr reger Austausch, viel Lachen, große Aufmerksamkeit und Konzentration. Viele Teilnehmer praktizieren von selbst gleich Tandem-Arbeit, d.h. jeder ist „Lehrer" für den anderen (übersetzt, verbessert, versucht zu erklären usw.) und dann nach dem Sprachwechsel „Lernender". Die üblicherweise auftretenden Sprechhemmungen sind schwächer, meistens gar nicht vorhanden.*
*Die Tandems arbeiten von Anfang an sehr selbstständig. Die Kursleiterinnen werden nur selten zu Hilfe gebeten.*

*Jedoch: Ein Tandem ist ziemlich still und auch schneller fertig. Es stellt sich dann heraus, dass die beiden (etwas zurückhaltenden) Teilnehmer die verschiedenen Punkte des Formulars nur stichwortartig beantwortet haben.*
*Die Kursleiterin motiviert dieses Tandem mit einer neuen Aufgabe:*

„Was haben Sie Ihren Partner gefragt? Schreiben Sie Ihre Fragen und seine Antworten auf.
Wenn Sie fertig sind, können Sie Ihrem Partner Ihren Text vorlesen. Er wird Ihnen helfen, diesen Text schön zu lesen."
« Quelles questions posez-vous à votre partenaire? Notez-les et notez aussi ses réponses.
Quand vous aurez fini, lisez votre texte à votre partenaire. Il vous aidera à bien lire votre texte. »

*Bei der nächsten Tandem-Bildung sollte man versuchen, diese zwei „stillen" Teilnehmer nicht wieder zusammenzubringen (dem Zufall etwas nachhelfen bei der Tandem-Bildung).*

Nach etwa 20 Minuten greifen die Kursleiterinnen ein und kündigen den Sprachwechsel mit Hilfe eines Glöckchens an, welches sich bei dem Lärmpegel als sehr nützlich erweist.
„Und jetzt wechseln Sie die Sprache. Die Tandems sprechen jetzt Deutsch!"
« Et maintenant vous changez de langue. Les tandems parlent français ! »

### 3. Phase: Präsentationsphase     (Dauer: über 40 min)

Die Kursleiterinnen und die Kursteilnehmer sitzen jetzt im Kreis. Die Kursleiterinnen eröffnen die Vorstellungsrunde und stellen sich gegenseitig vor (jede in der Sprache der anderen natürlich). Anschließend erklären sie die neue Aufgabe:
„Jetzt sind Sie dran: Stellen Sie Ihren Partner der Gruppe vor."
*« A vous maintenant de présenter votre partenaire au groupe. »*

und geben die Empfehlungen:
„Hören Sie gut zu! Wir werden nachher noch einige Fragen stellen ..."
*« Ecoutez bien ! Nous poserons quelques questions après... »*

Die Präsentationsphase erweist sich als sehr lang, so dass die Teilnehmer nach einer Weile aufgefordert werden nur Bruchstücke ihrer Arbeit zu präsentieren:
„Sie haben eine Minute, um Ihren Partner vorzustellen. Was möchten Sie gern über ihn erzählen?
*« Vous avez une minute pour présenter votre partenaire. Que voulez-vous nous raconter ? »*

---

*Meine Beobachtungen*

*– Methode*
*Während dieser Phase wird nicht tiefer auf Schwierigkeiten oder Fehler eingegangen, aber zu oft wiederkehrende Fehler werden gleich verbessert. Die Kursleiterinnen lassen ab und zu ein Wort übersetzen, nach dem Muster: Die Franzosen geben die deutsche Übersetzung und umgekehrt.*

*Einige Wörter oder Redewendungen, die besonders in diesem Kontext (hier: Kennenlernen / Vorstellen) relevant sind, werden zweisprachig (ein Farbstift pro Sprache) an die Tafel geschrieben.*

*Es können in dieser Phase keine längeren sprachsystematischen Erklärungen gegeben werden, da sie nur höchstens für eine Hälfte der Gruppe relevant wären.*
*Viele Fragen werden an den Partner und nicht an die Kursleiterinnen gerichtet. Die Tandem-Arbeit „läuft" schon sehr gut.*

*In dieser Phase spricht jeder die Sprache seines Partners, d.h. die Deutschen sprechen Französisch und die Franzosen Deutsch. Je nach Reihenfolge der Teilnehmer wird von einer Sprache in die andere gewechselt und ab und zu wird es notwendig, ein Wort oder einen Ausdruck übersetzen zu lassen.*

*– Erwartungen an die Kursleiterinnen*
*Sie sollten sehr aufmerksam sein: Sehr schnelle Reaktionen, Schlagfertigkeit und große Wachsamkeit sind erforderlich. Sie können auch durch Zwischenfragen eine neue Spannung erzeugen.*

*– Atmosphäre*
*Die Kursteilnehmer sind während dieser Phase sehr aufmerksam und hören sehr konzentriert zu. Es wird viel kommentiert und viel gelacht. Viele witzige Bemerkungen und auch manchmal Wortspiele (auch über Ähnlichkeiten oder Unterschiede der beiden Sprachen) werden hinzugefügt. Oft fangen die Franzosen an, aber die Deutschen machen sehr schnell und gern mit.*

*– Das unterschiedliche Niveau der Teilnehmer*
*Das Niveau der einzelnen Teilnehmer kann in dieser Phase leicht festgestellt werden. In diesem Kurs ist es sehr unterschiedlich. Dank der Zweisprachigkeit stellt das kein großes Problem dar.*
*Die Produktionen sind sehr unterschiedlich: von den einfachsten Formulierungen „Das ist Marc. Marc ist verheiratet und hat 3 Kinder ..." bis hin zu viel komplizierteren wie „Mein Partner heißt Patrick. Ich will euch jetzt verraten, was mein Partner am liebsten isst ..."*
*Jedoch ist zu bemerken, dass Teilnehmer mit geringen Sprachkenntnissen von Anfang an vollständige, richtige „schwierige" Sätze sprechen. Die Syntax ist komplexer (Relativsätze – spontan gebildete! – sind nicht selten und tauchen nicht als Grammatik-Kapitel auf). Die Ausdrucksweise ist nuancierter, auch persönlicher als bei entsprechenden einsprachigen Kursen und beschränkt sich nicht nur auf das im Lehrbuch Stehende, das gerade Gelernte und X-mal Gehörte. Die daraus resultierende Vielfalt der Aussagen erhöht die Spannung. Man reproduziert nicht, man produziert.*

*Was auch auffällt, ist die Lust, mit der die Teilnehmer bestimmte, von ihnen ausgesuchte Wörter / Wendungen verwenden: Der Lerneffekt wird auch größer (Wörter, die mir gefallen – aus welchem Grund auch immer – und die ich mir selbstständig ausgesucht habe, behalte ich auch besser).*

*Das unterschiedliche Niveau, das bei der Präsentationsphase deutlich wird, ist kein Problem: Das globale Verstehen wird hier geschult, die Situation „Nicht-Alles-Verstehen-Können" entspricht der realen Erfahrung der Begegnung mit einer anderen Sprachgruppe.*


**Wiederholung und Vertiefung nach dem Plenum**     (Dauer: ca. 10 min)
Die Kursleiterinnen erklären jetzt die neue Aufgabe:
Kursleiterin 1 stellt sich hinter einen Teilnehmer und stellt Fragen über ihn:
„Was wissen Sie noch von diesem Herrn?"
„Welchen Film hat Frau X zuletzt gesehen?"

Kursleiterin 2 macht dasselbe aber auf Französisch:
« Que savez-vous de ce monsieur ? »
« Quel est le plat préféré de Mme X ? »

Hier gilt folgende Sprachverwendung: die Franzosen antworten auf Deutsch auf die deutschen Fragen und die Deutschen auf Französisch auf die französischen Fragen.

Die Kursleiterinnen erinnern noch an die Regeln für die Anwendung des Possessiv-Begleiters der 3. Person Einzahl (sein / ihr – son / sa), die für beide Sprachgruppen ein Problem darstellt. Es erscheint hier sinnvoll, diesen Exkurs im Plenum zu machen, da beide Gruppe angesprochen werden können.

*Meine Beobachtungen*

– Erfolgskontrolle
*Die Teilnehmer haben sich erstaunlich viel gemerkt und somit schon viel übereinander erfahren. Die etwas stilleren Teilnehmer wurden direkt aufgefordert.*
*Viele Fehler, die noch in der 2. Phase vorhanden waren sind jetzt verschwunden (Wiederholungseffekt).*

– Atmosphäre
*Die Atmosphäre ist an diesem ersten Kursabend ausgesprochen entspannt und freundlich gewesen. Die Teilnehmer haben viel weniger Sprechhemmungen als in „traditionelleren" einsprachigen Kursen. Dies ist wahrscheinlich darauf zurückzuführen, dass*
1. *die Anwesenheit eines native Speakers die Anwendung der Fremdsprache als zwingend erscheinen lässt,*
2. *diese Form von Unterricht nicht lehrerzentriert ist,*
3. *jeder Kursteilnehmer sich nicht nur als „unwissend" erfährt, sondern auch als „Experte" in seiner Sprache, was ermutigend und motivierend wirkt,*
4. *die Kursleiterinnen gern bereit sind, auf einen Teil Ihrer Autorität und „Allwissenheit" zu verzichten.*

Zum Schluss wird das Thema des nächsten Kursabends angekündigt:
*Freizeit - Vergnügen / Loisirs - plaisirs ?*

Die Hausaufgabe lautet:
„Nehmen Sie Ihr französisches Lehrbuch und sehen Sie sich noch einmal die Lektion über die „Freizeit" an. Denken Sie daran, Ihr Lehrwerk mitzubringen."
« Regardez la leçon « Loisirs » dans votre manuel d'allemand. Et pensez à apporter ce manuel. »

Für die Teilnehmer, die kein Lehrbuch zu Hause haben, haben die Kursleiterinnnen ein Blatt über das Thema vorbereitet. Sie werden das nächste Mal auch einige Lehrwerke mitbringen.

# Freizeit – Vergnügen / Loisirs – plaisirs

| | |
|---|---|
| Lernziele: | über Freizeit und Hobbys sprechen |
| | telefonieren, sich verabreden |
| | einen Weg beschreiben |
| Aktivitäten: | Vokabelsuche ausgehend von einer Zeichnung |
| | Vokabelklassifizierung |
| | zwei Rollenspiele |
| Strukturen: | Zeitangaben, Ortsangaben |
| | « faire » + Sportarten |
| | « jouer à » und « jouer de » |
| Wortschatz: | Freizeit und Hobbys |
| | Wochentage, Tages- und Uhrzeiten |
| | den Weg beschreiben, sich zurecht finden |

## *Allgemeine Information*

Dieser Lernbogen greift einige Themen des ersten Lernbogens (*Kennen wir uns? / On se connaît ?*) wieder auf und entwickelt sie weiter. Sofern die Teilnehmer nicht ein anderes Thema während der ersten Begegnung vereinbart haben, ist es also ratsam, diesen Bogen anlässlich einer zweiten Begegnung einzusetzen. Vergessen wir nicht, dass die Gruppe die Dynamik des Lernprozesses bestimmt. Hier ist es besser, auf Deutsch zu beginnen, da die Vokabelsuche auf dem Bogen der Klassifizierung des Vokabulars auf der französischen fiche vorausgeht.

## *Unterrichtsverlauf*

Spruch des Tages
Achtung! Den Spruch des Tages nicht zu ernst nehmen! Man kann zum Beispiel diesen Spruch übersetzen lassen und sich über das Ausmaß des Goetheschen Vorhabens amüsieren oder es auch dadurch vervollständigen, dass man „Und das Richtige sagen!" hinzufügt.

> „Zur richtigen Zeit am richtigen Ort das Richtige tun."
> (Goethe)

Tandem-Bildung

Zum Beispiel eine Bildkarte und eine Karte mit der entsprechenden Definition.

*Elle fait de la photo.*

**1** Bogen ≠ fiche
Bogen 1a.: Vokabelsuche ausgehend von einer Zeichnung
Fiche 1a.: Vokabeln zuordnen
Bogen + fiche 1b.: über Lieblings-Freizeitbeschäftigungen sprechen

Bogen 1a.
Es wird empfohlen, hiermit zu beginnen, da durch diese Aktivität das deutsche Vokabular eingeführt wird. (s.o. auch Allgemeine Information)

Fiche 1a.
Diese Aktivität sollte im Anschluss an Bogen 1a. gemacht werden. Das bekannte oder entdeckte Vokabular der vorausgehenden Aktivität des Bogen 1a. wird hier, nachdem es übersetzt worden ist, den Situationen zugeordnet.

Im Rahmen eines Kurz-Plenums kann der Dozent nach der Übersetzung einiger Worte fragen. Zum Beispiel kann ein deutscher Teilnehmer ein französisches Wort vorschlagen und ein französischer Teilnehmer schlägt die Übersetzung dazu vor oder die Dozenten unterstützen durch Zeichnungen oder Photos die Vokabelarbeit – wie immer in beiden Sprachen.

Bogen / fiche 1b.
Nun lernen sich die Teilnehmer näher kennen. Deshalb ist hier der Austausch im Tandem besonders wichtig. Den Teilnehmern sollte daher genug Zeit zur Verfügung stehen, denn die Tandem-Methode hat zum Ziel, dass der kommunikative Austausch in Gang gesetzt und fortgeführt wird. Die Übung **Vergleicht!** kann hier eingesetzt werden.
Relativ kurz stellt jeder Teilnehmer seinen Partner nur unter dem Aspekt: die Freizeit meines Partners vor. Dieses Plenum ist deshalb bedeutsam, da sich die Gruppe nun besser kennen lernen kann und auch bestimmte Vorlieben der Gruppe als Ganzes deutlich werden.

**2** Bogen = fiche
Rollenspiel: sich am Telefon verabreden

Hier nun das erste Rollenspiel des Dossiers. Die Spielregeln müssen deshalb gut erklärt werden. Im Rollenspiel sprechen beide Partner dieselbe Sprache!
Um Wiederholungen zu vermeiden, wechseln die Partner beim Rollenwechsel auch die Sprache. Beispiel: Zunächst arbeitet das Tandem auf Französisch. Beide Teilnehmer sprechen dann französisch. Der deutsche Teilnehmer ruft an, der französische Teilnehmer antwortet. Wenn das Tandem dann auf Deutsch arbeitet, ruft der französische Partner an und der deutsche Partner antwortet.
Man kann die Tandems auch bitten, ihre Telefonnummern auszutauschen. Dabei werden die Zahlen geübt und es ist eine gute Gelegenheit, um Telefonketten zu organisieren, auf die man zurückgreifen kann (z. B. wenn etwas verschoben wird oder ausfällt etc.).

**Comparez !** sollte im Rahmen dieser Übung bearbeitet werden. **Comparez !** kann auch zu einer tiefer gehenden Systematisierung nach dem Plenum führen, denn die Tageszeiten und Uhrzeiten bereiten erfahrungsgemäß Teilnehmern in beiden Sprachen Probleme.

Während des Plenums spielen die Teilnehmer erst in der einen, dann in der anderen Sprache. Wenn die Zeit knapp wird, können die Teilnehmer die Situation auch zusammenfassen.
Der Dozent führt die Präsentationsphase etwa mit folgenden Fragen ein:
„Na, treffen Sie sich?", „Und was werden Sie machen?", „Wann treffen Sie sich?", etc.

**3** Bogen = fiche
Rollenspiel: einen Weg beschreiben

Auch dies ist ein Rollenspiel. Folgende Regel gilt: zwei Rollen – eine Sprache. Der Sprachwechsel impliziert dann den Rollenwechsel. (s.o.)
Das Plenum ist hier fakultativ. Wenn es stattfinden soll, können die Teilnehmer kurz den Weg zu ihrem Partner beschreiben.

Spiel & Spaß / Coin-récré
Ein Spruch und eine kleine lustige Geschichte.
Man kann die Teilnehmer bitten, sich das Ende dieser Geschichte auszudenken. Wird der Zucker zur Verabredung gehen?

Vorschläge für Hausaufgaben
„Rufen Sie Ihren Partner an ... und verabreden Sie sich mit ihm."

*Première rencontre  Erste Begegnung*

# Im Laufe der Jahreszeiten ... / Au fil des saisons...

| | |
|---|---|
| Lernziele: | über die Jahreszeiten sprechen |
| | Wetterberichte |
| | über Vorlieben und Lieblingsbeschäftigungen sprechen |
| Aktivitäten: | Vokabelsuche |
| | Interview |
| | Lektüre |
| | Erstellen und Vorlesen einer Wettervorhersage |
| Strukturen: | Zeitangaben |
| | etw. lieben, gerne etwas tun |
| | « faire » |
| Wortschatz: | Jahreszeiten und Monate |
| | das Wetter |
| | Freizeit, Hobbys und jahreszeitlich bedingte Aktivitäten |

*Allgemeine Information*
Dieser Lernbogen ist zu jeder Zeit und in jeder Jahreszeit einsetzbar.

*Unterrichtsverlauf*
Spruch des Tages
Diese Redensart gibt es in beiden Sprachen („Eine Schwalbe macht noch keinen Sommer"). Es ist interessant, sie übersetzen zu lassen, denn die Schwalben kommen nicht zur gleichen Zeit in den beiden Ländern an. Befragen Sie Ihre Teilnehmer dazu.
Dasselbe gilt für „Aprilwetter" und « les giboulées de mars ». Drücken diese beiden Redensarten einen Klimaunterschied der beiden Länder aus?

«  *Une hirondelle ne fait pas le printemps.* »

Tandem-Bildung
(Siehe Redewendungen um das Wetter – Expressions météo, Seite 84)
Für weniger fortgeschrittene Gruppen kann man einfach die Monatsnamen verteilen.

| janvier | Januar |
|---|---|

| février | Februar |
|---|---|

**1** Vokabelsuche

Variante: Um die Vorstellungskraft der Teilnehmer zu aktivieren oder die Vokabelsuche zu erleichtern, können die Dozenten Photos, Bilder oder Zeichnungen mitbringen.
Dieses Material kann am Anfang der Erarbeitungsphase verteilt werden oder im Verlauf einer kurzen Plenumsrunde als Transferübung eingesetzt werden.

**2** Bogen = fiche
den Partner interviewen

**Vergleicht!** und **Comparez !** sollten in diese Übung integriert werden. Die Ergebnisse werden dann in einem kurzen Plenum vorgestellt.

**3** Bogen = fiche
3a.: Lesen und Übersetzen
3b.: Erstellen eines Wetterberichts

Bogen / fiche 3a.
Der Muttersprachler liest seinem Partner den Text vor. Anschließend hilft er ihm diesen Text zu lesen und zu übersetzen. Entsprechend dem Niveau der Teilnehmer kann die Dauer dieser Übung von Lektüre, Aussprache und Übersetzung variieren.
Diese Übung hat zum Ziel, dass die Teilnehmer einen Wetterbericht im Radio, im Fernsehen oder in der Zeitung verstehen können. Es wird empfohlen, authentische Wetterberichte aus deutschen und französischen Zeitungen mitzubringen oder die Teilnehmer darum zu bitten.

Bogen / fiche 3b.
Je nach Sprachniveau kann man von den Tandems ein oder zwei Wetterberichte anfertigen lassen. Jedes Tandem muss am Ende dieser Übung zwei Wetterberichte vorstellen (einen französischen und einen deutschen).

Im Plenum
Die ganze Gruppe versammelt sich, um die verschiedenen Wetterberichte zu hören. Der französische Teilnehmer liest seinen „Wetterbericht" und der deutsche Teilnehmer liest sein « bulletin météo ».

Spiel & Spaß / Coin-récré
Der etwas übertreibende Wetterspruch könnte ein kleines Gespräch in Gang bringen, in etwa: „Wart ihr schon einmal in England? Wo? Wann? Wie war das Wetter?" etc.

Vorschläge für Hausaufgaben
„Wie war das Wetter in Ihrem letzten Urlaub?"
„Hören Sie die Wettervorhersagen im Radio oder im Fernsehen!"
„Schneiden Sie einen Wetterbericht aus der Zeitung aus und bringen Sie Ihren Partner mit."

*Première rencontre Erste Begegnung*

# Zeit für ein Gedicht / Le temps d'un poème

| | |
|---|---|
| Lernziele: | Lust auf Lesen und Sprechen |
| | Spaß mit Wörtern |
| | Kreativität |
| Aktivitäten: | ein Gedicht lesen und verstehen |
| | Reime finden |
| | ein Gedicht schreiben |
| Phonetik: | Intonation, Rhythmus und Reim |
| Wortschatz: | rund um die Jahreszeiten |
| | rund um die Natur |

*Allgemeine Information*

Am besten wäre es, wenn dieser Bogen gegen Ende des Winters eingesetzt werden könnte.
Dieser Bogen bietet ausnahmsweise keine grammatischen Übungen an. Hier stehen der Spaß mit Texten und Wörtern und die Lust am Lesen im Vordergrund.
Besonderheit: die Übungstitel sind in Versform (im Einklang mit dem Thema).
Die Deutschen kennen oftmals das Gedicht von Ch. Morgenstern und die Franzosen das Gedicht von J. Prévert. Deshalb muss extra noch einmal darauf hingewiesen werden, dass die Teilnehmer nicht die Arbeit anstelle ihres Partners machen, sondern ihm lediglich helfen.
Das Gedicht von Prévert wird auch von den Frères Jacques gesungen, so dass man evtl. auch gemeinsam singen könnte, wenn die Gruppe gern singt.

*Unterrichtsverlauf*

Spruch des Tages
(„Arbeit macht reich. Arme Dichter, an die Arbeit!")

> *Le travail mène*
> *à la richesse.*
> « *Pauvres poètes,* »
> *travaillons!*
> *(G. Apollinaire)*

Der Spruch sagt schon etwas über die Zielsetzung dieses Lernbogens aus. Deshalb sollte man die Übersetzung mit der gesamten Gruppe erarbeiten und ihn als ersten Impuls einsetzen. Man könnte die Teilnehmer fragen, ob sie ein Lieblingsgedicht haben. Kennen sie sogar ein Gedicht auswendig? Können sie es aufsagen? Haben sie es möglicherweise in der Schule gelernt? etc. (Die Franzosen rezitieren sehr gerne Gedichte.)

Tandem-Bildung
Zum Beispiel Reime:   *tandem*   *poème*

**1** + **2**   Bogen ≠ fiche
Lesen eines poetischen Textes
Bogen: Lückengedicht
Fiche: Gedicht mit vertauschten Versen

Bogen 1 + 2
Einfache Aktivität, die eine aufmerksame Lektüre des Textes erfordert.

Lösung:
| | |
|---|---|
| Herr Winter | Herr Winter |
| Geh hinter, | Geh hinter, |
| Der Frühling kommt bald! | Dein Reich ist vorbei. |
| Das Eis ist geschwommen, | Die Vögelein alle, |
| Die Blümchen sind kommen | Mit jubelndem Schalle, |
| Und grün wird der Wald. | Verkünden den Mai! |

Das Gedicht sollte mehrmals gelesen werden. Der deutsche Partner liest zunächst das Gedicht auf Deutsch und lässt es seinen französischen Partner anschließend nachlesen. Der Muttersprachler sollte auf eine gute Aussprache achten.

Fiche 1 + 2
Die Zielsetzung ist die gleiche wie die des Bogens, wobei diese Aufgabe etwas schwieriger ist, da einige Passagen des Gedichtes sehr ähnlich sind. Man muss also sehr aufmerksam lesen.

Lösung:
Dans la nuit de l'hiver
galope un grand homme blanc
galope un grand homme blanc

C'est un bonhomme de neige
avec une pipe en bois,
un grand bonhomme de neige
poursuivi par le froid

Il arrive au village
il arrive au village
voyant de la lumière
le voilà rassuré

Dans une petite maison
il entre sans frapper
dans une petite maison
il entre sans frapper

et pour se réchauffer
et pour se réchauffer
s'assoit sur le poêle rouge
et d'un coup disparaît

ne laissant que sa pipe,
au milieu d'un flaque d'eau
ne laissant que sa pipe
et puis son vieux chapeau

**3** + **4**   Bogen = fiche
Reimsuche
Komposition eines Gedichtes

Erforderliche Kompetenz für diese Aktivität: Kreativität.

Im Plenum
Die ganze Gruppe hört sich die Gedichte an. Der Franzose liest sein Gedicht auf Deutsch und der Deutsche seins auf Französisch vor.
Variante: Im Rahmen dieser Übungen kann ein Lesefest organisiert werden.

Spiel & Spaß / Coin-récré
Die Wortspiele werden fortgesetzt.
Lösungen für die fiche:  Marie: aimer, rime, rame, ami ... /
organe: orange, orage, ogre... / ancre: nacre, race rance, crâne... /
gare: rage, âge

Bogen: Ein Zungenbrecher kann zum Beispiel als Hausaufgabe aufgegeben werden oder Ausgangspunkt für die Suche nach weiteren Zungenbrechern in beiden Sprachen sein.

Vorschläge für Hausaufgaben
„Lernen Sie eine Strophe oder das ganze Gedicht auswendig."
Wahlweise: die Gedichte von Morgenstern und Prévert oder die selbst geschriebenen Gedichte der Teilnehmer.
„Bringen Sie ein Gedicht in ihrer Sprache mit, das Sie der Gruppe vorlesen möchten.
Dadurch wird ein kleiner Ausflug in die Literatur des Anderen möglich.

*Première rencontre Erste Begegnung*

# Gesucht wird ... / On recherche...

| | |
|---|---|
| Lernziele: | eine Person identifizieren |
| | eine Person beschreiben |
| Aktivitäten: | Suche nach Adjektiven |
| | lesen, beobachten und verstehen |
| | ein Portrait entwerfen |
| Strukturen: | das Adjektiv: Veränderung und Stellung im Satz |
| | das zusammengesetzte Adjektiv im Deutschen |
| | der Komparativ im Französischen |
| Wortschatz: | häufig gebrauchte Adjektive |
| | Gesichts- und Körperteile |
| | Kleidung und Modeaccessoires |

## Allgemeine Information

Bei der Arbeit mit diesem Bogen sollte die Gruppe sich schon ein wenig kennen. Die Teilnehmer trauen sich dann, lustigere, frechere und kreativere Portraits zu entwerfen. Das Plenum ist nach jeder einzelnen Aktivität möglich, ist jedoch nach der Aktivität 3 unbedingt erforderlich.
Um in das Thema einzuführen, kann man auch von Photos bekannter Persönlichkeiten in beiden Ländern ausgehen (interkultureller Teil).

## Unterrichtsverlauf

Tandem-Bildung (s. Zusatzmaterial S. 82)
Ursprünglich bedeutete das Wort *soupe* ein Stück Brot, das man in die Bouillon stippte. (vgl. Claude Duneton, La puce à l'oreille, ed. Stock, 1978)
Man kann diese Ausdrücke im Tandem oder im Plenum übersetzen lassen und sich dann auf **Comparez !** beziehen.

*trempé comme une soupe*

Spruch des Tages
Die Teilnehmer suchen den vergleichbaren französischen Spruch (« L'habit ne fait pas le moine »). In diesem Zusam-

„Kleider machen Leute"

menhang kann man ein wenig über den Unterschied dieser beiden Sprüche nachdenken, die beide vor dem gleichen Fehlurteil warnen. Der französische Spruch ist leichter zu deuten.
„Kleider machen Leute" ist auch der Titel einer Erzählung von Gottfried Keller.
Hierzu könnte man außerdem Photos von Personen in Berufskleidung mitbringen, um die Bedeutung von Kleidung zu unterstreichen (L'habit fait-il la profession ?).

**1** Bogen = fiche
Vokabelsuche ausgehend von einer Übersetzungsübung

Diese gelenkte aber kurzweilige Übung ist eine neue abwechslungsreiche Form, neue Vokabeln im Kurs einzuführen.

Variante: Der Unterricht kann auch mit einer Mimik-Einheit eingeleitet werden. Jeder Teilnehmer erhält (freiwillig!) einen Bogen, auf dem ein Adjektiv vermerkt ist. Durch Gesten muss er die anderen erraten lassen, um was für eine Eigenschaft es sich handelt. Die Deutschen schlagen ihre Lösungen auf Französisch vor und die Franzosen natürlich auf Deutsch.

**2** Bogen ≠ fiche
Bogen: lesen, verstehen und identifizieren
Fiche: beobachten, vergleichen

Bogen
Die Teilnehmer lesen den Text. Der Deutsche fängt an und hilft dann anschließend seinem Partner, den Text korrekt zu lesen. Dieser kurze Text eignet sich hervorragend für eine vertiefende Lese- und Ausspracheübung. Die Übersetzung des Textes ist fakultativ.
Variante für fortgeschrittene Teilnehmer: Wiedererkennen durch Hörverstehen.
Der deutsche Teilnehmer liest seinem Partner den Text vor, der selbst nicht mitliest, sondern nur zuhört. Ohne den Text selbst gelesen zu haben, muss er die beschriebene Person identifizieren.

Fiche
Die Teilnehmer suchen gemeinsam die Unterschiede, die sie auf Französisch notieren. Der Franzose hilft dem Deutschen, die Sätze zu formulieren. Eine Übersetzungsübung ist durchaus möglich, zum Beispiel für ein Tandem, das vor den anderen fertig geworden ist.
Diese Aktivität kann in eine kurze Wiederholung der unterschiedlichen Steigerungsformen des Adjektivs münden.

**3** Bogen = fiche
Entwurf eines Portraits

Die beiden ersten Übungen haben auf diese Hauptübung des Lernbogens 5 vorbereitet.
Diese Übung trainiert die Autonomie, die Kreativität und das Beobachtungsvermögen.
**Vergleicht!** sollte im Laufe dieser Aufgabe behandelt werden.
Der Hinweis „Verratet also nicht alles gleich ..." / « Alors laissez un peu de suspense... » ist außerordentlich wichtig und sollte von den Dozenten herausgehoben werden.
Das Portrait sollte eben nicht gleich am Anfang das, was sofort ins Auge springt verraten. Es sollte unbedingt Spannung erzeugt werden .... Evtl. ist es notwendig, den Teilnehmern beim Erstellen ihres Portraits unter die Arme zu greifen.

Das Plenum ist hierbei unverzichtbar, da das Ratespiel ja in der Gesamtgruppe stattfindet. Die Gruppe spielt hierbei in der Tat eine aktive Rolle.
Variante: Die Teilnehmer können das Portrait der idealen Frau / des idealen Mannes entwickeln.

Spiel & Spaß / Coin-récré
Erklären Sie die Wortspiele und prüfen Sie, ob sie richtig verstanden worden sind.
Bogen: Wortspiel mit der Bedeutung des Wortes „Gesichtspunkt", das eigentlich „Aspekt" bedeutet, hier jedoch im wörtlichen Sinne gebraucht wird, den es normalerweise nicht hat, nämlich: „Punkt auf dem Gesicht".
Fiche : Die hier verwendete weibliche Form ist nicht grammatischer Natur, sondern ergibt sich aus der Situation. Der Mann sitzt vor dem Fernseher, während die Frau in der Küche steht (= arbeitet).

Vorschläge für Hausaufgaben
„Verfassen Sie das Portrait des idealen Mannes, der idealen Frau oder die Alptraumfrau, den Alptraummann." „Entwerfen Sie das Portrait einer berühmten Persönlichkeit, die Sie das nächste Mal von den anderen erraten lassen."

# Heute feiern wir! / Ce soir c'est la fête...

| | |
|---|---|
| Lernziele: | Vergleich des deutschen und des französischen Kalenders |
| | über Feste und Traditionen sprechen |
| | etwas verschenken |
| | ein Fest vorbereiten |
| Aktivitäten: | Vokabelsuche |
| | Rollenspiel |
| Strukturen: | Ausdruck des Datums |
| | der Possessivbegleiter „sein / ihr" |
| Wortschatz: | Fest- und Feiertagsbezeichnungen |
| | Geschenke |
| | Geburtstagsvokabular |

*Allgemeine Information*

Dieser Bogen kann das ganze Jahr hindurch eingesetzt werden, da es hauptsächlich um den Geburtstag geht. Der Einsatz dieses Bogens kann auch auf die Vorbereitung eines echten Festes anläßlich der nächsten Begegnung abzielen (z.B. was man machen möchte, Aufgabenverteilung, etc.). Lassen Sie ihre Teilnehmer zum nächsten Mal ihre Kalender mitbringen.

*Unterrichtsverlauf*

Tandem-Bildung
(S. Zusatzmaterial, S. 83)
Hierzu können folgende typischen Sätze dienen:
„Frohe Weihnachten!"
„Ein frohes (glückliches) Neues Jahr!"
„Herzlichen Glückwunsch zum Geburtstag!"
„Frohe Ostern!"
„Prost!", „Auf Ihr Wohl!"
„Herzlichen Glückwunsch ...!"

Viel Spaß!

Spruch des Tages
Wirken lassen und schmunzeln.
Hier sollte Coluche kurz vorgestellt werden :
der Clown mit dem großen Herzen
(les restos du cœur / die Restaurants für Bedürftige)

« *Ah, qu'est-ce qu'on se marre!*
*Qu'est-ce qu'on se marre!* »
*(Coluche)*

**1** Bogen = fiche
Vokabelsuche
Vergleich des französischen und deutschen Kalenders

Die „Landeskunde" wird hier von den Teilnehmern selbst übernommen. Zunächst müssen die Bezeichnungen der Ferientage beider Länder gefunden und die Kalender miteinander verglichen werden.
**Vergleicht!** begleitet diese Aktivität.

Die Lehrenden können in einem kurzen Plenum die Resultate vortragen lassen, um sicher zu gehen, dass die Feiertage alle gefunden worden sind.
Denken Sie auch an die weniger bekannten Feiertage wie Fronleichnam / la Fête-Dieu, Buß- und Bettag / Jour de Pénitence et de Prière, der zweite Weihnachtsfeiertag / La Saint-Etienne etc.

### 2  Bogen = fiche
### Gelenkte Vokabelübung

Es handelt sich hierbei um eine kurze einfache Strukturübung, zu der **Comparez !** eingesetzt werden kann.

Variante: Wenn die Gruppe sich gut kennt, kann die Arbeitsanweisung geändert werden, z. B. dass die Geschenke für eine Person innerhalb der Gruppe sind:
„Stellen Sie sich vor, die Geschenke sind für einen Teilnehmer unserer Gruppe – wem würden Sie sie schenken und warum ?"
„Sie können natürlich auch andere Geschenke auswählen!"

…und fragen Sie anschließend in einer kurzen Plenumsrunde die Teilnehmer, ob ihnen die Geschenke gefallen, ob sie sie annehmen etc.

### 3  Bogen = fiche
### Rollenspiel
### Entwicklung eines Dialogs

Diese Übung ist die Hauptaktivität des Lernbogens. Sie sollte in der Form eines Dialoges erarbeitet werden.

Während der Präsentationsphase (Plenum) stellen die Teilnehmer zwei Dialoge vor: einen auf Deutsch, den anderen auf Französisch, oder sie fassen in beiden Sprachen das von ihnen erarbeitete Programm zusammen.

Spiel & Spaß / Coin-récré
Bogen: Des Rätsels Lösung: Frauke ist am 31. Dezember geboren. Vorgestern, am 30. Dezember war sie noch 30 Jahre alt. Gestern, am 31. Dezember ist sie 31 Jahre alt geworden und am 31. Dezember diesen Jahres wird sie 32 Jahre alt und im nächsten Jahr am 31. Dezember 33 Jahre alt.

Fiche : année, ni, vers, ravi, vain/vaine, servi, rare, rien, rein, sa, si, sain, avis, vase…

Vorschläge für die Hausaufgaben:
„Sie schreiben Ihrem Partner, um ihn zu einem Fest einzuladen."
„Wie haben Sie ihren letzten Geburtstag gefeiert?"

# Von Stadt zu Stadt / De ville en ville

| | |
|---|---|
| Lernziele: | die Stadt / die Gemeinde des anderen entdecken |
| | über seine Stadt / Gemeinde sprechen |
| | sich ein neues Stadtviertel ausdenken |
| Aktivitäten: | Übersetzung |
| | Interview |
| | Rollenspiel |
| Strukturen: | Ortsangaben |
| | Das Pronominaladverb « y » und die Struktur « il y a » |
| | Die Fragewörter „wo?", „wohin?" |
| Wortschatz: | im Bereich der Stadt: Bauten und Sehenswürdigkeiten |
| | im Bereich der Gemeinde: Verwaltung und Dienstleisung |

## Allgemeine Information

Landeskundliche Aspekte stehen auf diesem Lernbogen im Vordergrund. Er kann eingesetzt werden anlässlich einer ersten Begegnung zweier Gruppen im Rahmen eines Schüleraustausches oder einer Partnerschaft zwischen zwei Vereinen (z.B. zwischen zwei Chören oder Orchestern, zwei Fußballmannschaften oder Radclubs etc.). Die Thematik entspricht u.a. den Bedürfnissen und Zielsetzungen einer Tandem-Begegnung zwischen Gemeinderäten oder offiziellen Gemeindevertretern. Zusatzmaterial entsprechend der Zielgruppe ist mitzubringen, wie z.B. Photos, Postkarten, Prospekte etc. ebenso wie geographische oder administrative Karten aus beiden Ländern.

## Unterrichtsverlauf

Spruch des Tages
(„Man sollte die Städte auf dem Land bauen, die Luft ist dort sauberer.")
Zum Übersetzen und Schmunzeln ... und zum weiterdenken ...
Dieser Ausspruch kann zu einem allgemeinen Vergleich zwischen dem Leben in der Stadt und dem Leben auf dem Land führen.

« On devrait construire les villes à la campagne – l'air y est plus pur. »

Tandem-Bildung
Zum Beispiel die Namen deutscher und französischer Städte:

| München | Munich |

Oder in zwei Teile zerschnittene Postkarten wie bei einem Puzzle.

**1** Bogen = fiche
Vokabelsuche ausgehend von einer Übersetzungsübung

Im Rahmen eines kurzen Plenums sollte sichergestellt werden, dass alle Wörter richtig übersetzt und verstanden wurden.

**2**  Bogen = fiche
Interview über die Stadt / die Gemeinde des Partners

**Vergleicht!** behandelt den grundlegend wichtigen Gebrauch des Pronomens « y » im Französischen und kann leicht in diese Übung integriert werden.

Varianten: Die Dozenten haben die Teilnehmer darum gebeten, Photos, Bilder und Prospekte ihrer Heimatstadt / Gemeinde mitzubringen, die jetzt von ihren Partner beschrieben werden sollen. Fortgeschrittenere Teilnehmer können auch Zeitungen und Informationsbroschüren ihrer Städte / Gemeinden mitbringen.

Das anschließende Plenum ist besonders wichtig, hierfür muss genügend Zeit eingeplant werden. Zur Not setzt man die Arbeit mit diesem Lernbogens beim nächsten Treffen fort.
Sinnvoll ist es, im Zuge dieser Präsentationsrunde eine Verbindung zur Aktivität 1 herzustellen (und zu **Vergleicht!**), z.B mit Fragen nach folgendem Muster:
„Gibt es in Ihrer Stadt / Gemeinde noch Stadtmauern?" etc.

Variante: Im Kontext einer Städtepartnerschaft oder Begegnung zwischen Gemeindevertretern oder -angestellten kann man die Teilnehmer bitten, z. B. einen Raumordnungsplan ihrer Gemeinde mitzubringen, den sie in einem ersten Schritt miteinander vergleichen können.

**3**  Bogen = fiche
Rollenspiel: Einrichtung eines neuen Viertels
Den Plan eines Viertels skizzieren

**Comparez !** unterstützt diese Aktivität. Im Verlauf des Plenums können leicht Elemente daraus entnommen und in die Präsentation integriert werden mit Fragen wie z.B.: „Wohin kommt die Schule?" oder „Wo steht die Fabrik?" etc. Wie bei allen anderen Rollenspielen ist es auch hier wichtig, daran zu erinnern, dass mit einem Rollenwechsel auch ein Sprachwechsel einhergehen muss.

Spiel & Spaß / Coin-récré
Die kleine lustige Geschichte kann zu vielfältigen Aktivitäten führen, z.B. können die Teilnehmer auf einer Frankreichkarte Pas-de-Calais und Calais lokalisieren. Mit Hilfe einer administrativen Karte können dann die französischen Departements ausgemacht werden etc.

*coin-récré*

Spiel & Spaß kann ähnlich weiterentwickelt werden: Deutsche Städte werden auf einer Karte situiert, die Bundesländer lokalisiert etc.
Dafür können auch die eingangs benutzten Karten zur Tandem-Bildung eingesetzt werden.

*Spiel & Spaß*

Vorschlag für Hausaufgaben
„Suchen Sie andere Ortsnamen, die in beiden Sprachen unterschiedlich sind."

*Bogen 7*

*Première rencontre   Erste Begegnung*

# An die Arbeit! / Au travail !

| | |
|---|---|
| Lernziele: | Berufe |
| | über die Arbeit / Schule sprechen |
| | Arbeitsbedingungen (Ort, Zeiten etc.) |
| | über seinen Vorgesetzten sprechen |
| Aktivitäten: | Pantomine |
| | Vokabelsuche |
| | Interview des Partners |
| | Portrait des idealen Chefs |
| Strukturen: | avoir besoin de qc |
| | das Pronominaladverb « en » |
| | die Modalverben können, möchten, sollen, müssen + Infinitiv |
| Wortschatz: | die Arbeitswelt |
| | Werkzeuge und Arbeitsgegenstände |
| | Qualitäten und Eigenschaften einer Person |

*Allgemeine Information*

Das Plenum ist notwendig nach den Aktivitäten 4 und 5, kann aber auch je nach Bedarf nach 2 und 3 durchgeführt werden.

*Unterrichtsverlauf*

Tandem-Bildung
Definition einer Tätigkeit und die entsprechende Berufsbezeichnung dazu.

> Er repariert Autos.   der Kfz.- Mechaniker

Spruch des Tages
Wortspiel mit dem Wort „hetzen", das aus der Sprache der Jagd kommt, und „auf der Flucht sein". Der Satz ist schwierig ins Französische zu übertragen (die Hektik = l'agitation), aber es ist in

> „Ich lasse mich nicht hetzen! Schließlich bin ich bei der Arbeit und nicht auf der Flucht!"

jedem Fall interessant, mit der Gruppe die beste Übersetzung zu finden. „hetzen" bedeutet im Französischen zunächst « chasser, traquer », dann erweitert, „zur Eile antreiben" / « faire se presser quelqu'un ». « On ne me fera pas aller plus vite, je suis au travail et pas en fuite. » Arbeit = Stress? Stellen Sie Ihren Teilnehmern die Frage.

**1**  Bogen = fiche
Pantomime

Zwei Möglichkeiten:
- Der Teilnehmer sucht sich selbst den Beruf aus, den er mimen möchte.
- Der Dozent sucht den Beruf aus. In diesem Fall ist es hilfreich, Kärtchen vorzubereiten.

Diese Aktivität hat eine ausgesprochen positive Wirkung auf die Gruppendynamik – vorausgesetzt sie dauert nicht zu lange (max. Dauer pro Mime: 30 Sek.).
Wie bei allen anderen Übungen auch geben die deutschen Teilnehmer ihre Antworten auf Französisch und die französischen Teilnehmer ihre auf Deutsch.

**2** Bogen = fiche
Vokabelsuche

Variante: Entsprechend der angebotenen Antworten können die Teilnehmer auch den „Arbeitssteckbrief" ihres Partners skizzieren. Beispiel: „Hier nun ein ‚workaholik', er ist nur in seinem Büro wirklich glücklich ... "

**3** Bogen = fiche
Vokabelsuche

Diese Übung sollte ganz schnell gemacht werden und sollte mit der Aktivität **Vergleicht!** verbunden werden. Sie kann im Rahmen eines kurzen Plenums durch folgende Fragen eingeleitet werden:
„Benötigt dein Partner für seine Arbeit einen Besen?"
„Welchen Gegenstand braucht dein Partner für seine Arbeit?"

**4** Bogen = fiche
Interview
Landeskunde

Eine Präsentationsphase der Ergebnisse im Anschluss an diese Übung ist unerlässlich. Nach dem Plenum kann der Dozent den Unterschied der Schulsysteme, Arbeitszeitregelungen etc. hervorheben. Die vielen kulturellen Elemente, die im Verlauf dieser Aktivität auftauchen, sollten unbedingt genützt werden, z. B. indem sie in eine spontane Gruppendiskussion mündet und somit ein echter Austausch innerhalb der Gruppe stattfindet.

**5** Bogen = fiche

Diese letzte Aktivität darf nicht zu ernst genommen werden. Hierauf sollte ein Plenum folgen, in dem sich je nach Einfallsreichtum der Teilnehmer sehr heitere Szenen abspielen.
**Comparez !** bietet den Teilnehmern eine Unterstützung für diese Aktivität.

Variante: Wenig fortgeschrittene Gruppen können das Portrait auch im Präsens skizzieren. Arbeitsanweisung: „Der ideale Chef / Lehrer – wie ist er? Was soll er nicht machen?"

Spiel & Spaß / Coin-récré
Zwei lustige Geschichten und immer dieselbe Feststellung: Arbeit macht müde!

# Der Traum vom Glück / Rêves de bonheur

| | |
|---|---|
| Lernziele: | vom Glück sprechen |
| | sich das Glück vorstellen |
| Aktivitäten: | Vokabelsuche |
| | lesen und verstehen |
| | Erstellung eines Textes |
| Strukturen: | der Imperativ im Deutschen |
| | die Mengenadverbien / die Präposition « de » |
| | der Teilungsartikel |
| Wortschatz: | rund um das Thema Glück |
| | kochen |

*Allgemeine Information*

Die Arbeit mit diesem Bogen empfiehlt sich, wenn sich die Teilnehmer schon besser kennen, denn wenn man über seine Träume spricht, ist das etwas sehr persönliches.
Nach jeder Aktivität ist ein Plenum möglich, aber man kann auch die Ergebnisse der Aktivitäten 2 und 3 in einem Plenum zusammenfassen, die Tandems können dann selbst wählen, welche Aktivität sie lieber vorstellen wollen.

*Unterrichtsverlauf*

Tandem-Bildung
Antonyme: ein Wort auf der einen Karte und sein Gegenteil auf der zweiten, z. B.:

| Glück | Unglück | heiß | kalt | |
|---|---|---|---|---|
| Freund | Feind | oben | unten | |
| geöffnet | geschlossen | fröhlich | traurig | etc. |

Spruch des Tages
Der Spruch des Tages kann als „stummer Impuls" eingesetzt werden. Er wird an die Tafel geschrieben – ohne Kommentar. Die Dozenten warten lediglich auf die Reaktionen der Teilnehmer, die sicher sehr zahlreich sein werden. Stellen Sie Karl Valentin vor, oder lassen Sie ihn von den deutschen Teilnehmern vorstellen.

> „Ein Optimist ist ein Mensch, der die Dinge nicht so tragisch nimmt, wie sie sind."
> (Karl Valentin)

**1** Bogen = fiche
Bogen: das Gegenteil finden
Fiche: Vokabelsuche

Bogen
Falls die Tandem-Bildung mit Gegenteilen erfolgte, bietet sich jetzt die Gelegenheit diese im Rahmen eines kurzen Plenums durchzugehen. Bitte denken Sie daran, dass niemals alle Tandems alle Karten sehen können.

Fiche
Die Vokabelsuche findet hier in beiden Sprachen statt; es handelt sich also auch um eine Übersetzungsübung.

**2** Bogen = fiche
Lektüre, Textverständis und Übersetzung

Zwei Möglichkeiten:
- Man kann hier mit einer Leseübung beginnen. Der deutsche Teilnehmer liest zunächst seinem Partner den deutschen Text vor, den dieser anschließend nachliest. Dasselbe gilt dann für den französischen Text.
- Mit fortgeschritteneren Teilnehmern kann man diese Übung in eine Hörverstehensübung umwandeln. Zum Beispiel der Text « Le bonheur, ça se mijote », kann von dem französischen Partner gelesen werden, der deutsche Partner versucht ihn zu verstehen, ohne den Text anzuschauen und umgekehrt. Diese Hörverstehensübung ist ein wichtiges Element beim situativen Lernen.

**Vergleicht!** und **Comparez !** finden hier ihre Anwendung. Stellen Sie in einem kurzen Plenum fest, ob die Texte richtig übersetzt worden sind.

**3** Bogen = fiche
Erstellung eines Textes

Die ersten beiden Aktivitäten haben auf diese Übung vorbereitet. Die Teilnehmer sollen jetzt ihre Vorstellungskraft entfalten.

Falls nach dieser letzten Übung ein Plenum durchgeführt wird, können die Teilnehmer selbst entscheiden, welche Aktivität sie vorstellen wollen. Die Vorstellung der Ergebnisse der Aktivität 2 verschafft den Dozenten einen Überblick über die Korrektheit der Übersetzungen.

Spiel & Spaß / Coin-récré
Fiche: Anspielung auf den berühmten Spruch: « L'argent ne fait pas le bonheur ». Hier kann die Variante von Boris Vian eingebracht werden: « L'argent ne fait pas le bonheur de celui qui n'en a pas. », die von Coluche dahingehend aufgegriffen wurde: « L'argent ne fait pas le bonheur des pauvres. ».
Margaret Case Harriman bietet schließlich noch eine Variante an: « L'argent ne fait pas le bonheur, mais ce n'est pas pour ça que tant de gens sont pauvres. »
Versäumen wir nicht, an den „Reichtum" der französischen Sprache zu erinnern! Um über Geld zu sprechen, gibt es in der Tat ein Menge Möglichkeiten, z.B.: le blé, l'oseille, la thune, le fric, les radis, les ronds etc.
„Und was sagt man auf Deutsch?"
... und niemand wird Sie daran hindern über den Euro zu sprechen ...

Bogen
Der französische Teilnehmer segmentiert und liest den Satz korrekt.
Mögliche Anschlussfrage: „Was bedeutet Schicksal für Sie?"

*Première rencontre Erste Begegnung* ............... 75 ...............

# Der Tag im Alltag / La vie au quotidien

| | |
|---|---|
| Lernziele: | über den Alltag sprechen |
| | der Alltag des Partners |
| | sich einen anderen Alltag ausdenken |
| Aktivitäten: | Vokabelsuche ausgehend von einer Zeichnung |
| | Lektüre |
| | Interview |
| Strukturen: | Reflexive Verben im passé composé |
| | Zeitadverbien: Tages- und Uhrzeiten |
| Wortschatz: | der Tagesablauf |
| | Aktivitäten im Alltag |

### Allgemeine Information
Es wird empfohlen, mit dem Bogen anzufangen, der das notwendige Vokabular einführt. Nach den ersten drei Aktivitäten kann das Plenum durchgeführt werden.

### Unterrichtsverlauf
Tandem-Bildung
Suche nach Worten aus der gleichen Familie, z. B.

- der Staub — abstauben
- die Arbeit — arbeiten
- die Reinigung — reinigen

Spruch des Tages
(„Der Mensch ist nicht für die Arbeit geschaffen. Der Beweis dafür ist, dass sie ihn ermüdet.") Es macht Spaß, diesen Ausspruch ein wenig zu diskutieren und mit den Teilnehmern weitere zu suchen, z.B.:
« Le travail c'est la santé, rien faire c'est la conserver. »
« Travailler, c'est bon pour ceux qui n'ont rien à faire. »
(Henri Jeanson)

« L'homme n'est pas fait pour travailler. La preuve c'est, que ça le fatigue. (Voltaire) »

**1** Bogen ≠ fiche
Bogen: Vokabelsuche ausgehend von einer Zeichnung
Fiche: Textarbeit

Bogen
Beschreibung einer Zeichnung, um das nötige Vokabular für die anschließenden Übungen einzuführen.
Wiederholung der Uhrzeit. Hier wird empfohlen **Comparez !** zu integrieren. Und zur Übung vergessen Sie nicht, die Teilnehmer mehrmals im Unterricht nach der Uhrzeit zu fragen.

Fiche
Lektüre und Verständnisübung.
Für die Fortgeschritteneren: Übung zum Hörverständnis. Der französische Teilnehmer liest seinem Partner den Text vor, ohne dass der Deutsche den Text einsieht. **Vergleicht!** kann hier einbezogen werden.

**2** Bogen = fiche
Interview

Die Anweisungen sind ausgesprochen klar, dennoch ist darauf zu achten, dass die Aufteilung der Sprachen von den Tandems eingehalten werden. Lassen Sie ihren Teilnehmern genügend Zeit, sich kennenzulernen. Die Neugierde, den anderen kennenzulernen ist in der Regel sehr groß.

**3** Bogen = fiche
Stellen Sie sich einen anderen Alltag vor!

Diese Übung appelliert an die Vorstellungskraft und vor allem an die Spontaneität der Teilnehmer, da die Antworten sehr schnell gegeben werden müssen. In einem kurzen Plenum können die Ergebnisse vorgestellt werden.

Spiel & Spaß / Coin-récré
Fiche: Diese lustige Geschichte kann zu einer kleinen Konversation anregen:
„Welches Fach magst du am liebsten?", „Gehst du gern in die Schule?", „Welches Fach magst du gar nicht?" etc.

Bogen: Die Geschichte von Alex kann zu einer letzten Wiederholung der Uhrzeiten überleiten.

Vorschläge für Hausaufgaben
„Beschreiben Sie den schönsten Tag der letzten Woche!"
„Beschreiben Sie den schönsten Tag in Ihrem Leben!"

*Première rencontre   Erste Begegnung*

# Schöne Ferien! / Bonnes vacances !

| | |
|---|---|
| Lernziele: | über die Ferien sprechen |
| | Suche nach Informationen über eine Region |
| Aktivitäten: | Vokabelsuche |
| | Interview |
| | Rollenspiel |
| Strukturen: | der « subjonctif » bei Ausdrücken des Wünschens |
| | zusammengesetztes Futur im Deutschen |
| Wortschatz: | rund um die Ferien |

### Allgemeine Information

Natürlich ist es am besten, dieses Thema vor den Ferien zu erarbeiten – die Teilnehmer sind dann besonders motiviert. Die Dozenten können zu diesem Thema die Teilnehmer bitten, selbst Zusatzmaterial mitzubringen (z.B. zur Aktivität 2).

### Unterrichtsverlauf

Tandem-Bildung

Man könnte z.B. Bilder mit Verkehrsmitteln nehmen und auf der anderen Karte steht jeweils die entsprechende Bezeichnung. Oder ganz einfach geographische Bezeichnungen einmal auf Deutsch, einmal auf Französisch, z.B.:

- la Barbade — Barbados
- l'Angleterre — England
- Chypre — Zypern

Denken Sie daran, dass für fortgeschrittenere Gruppen nicht gleich erkennbare Bezeichnungen gewählt werden sollten.

Spruch des Tages
Es leben die Ferien und die Vorstellungskraft! Heute sind die Teilnehmer an der Reihe, den Spruch des Tages passend zum Lernbogen zu (er)finden!

«  ? ? ?  »

**1** Bogen = fiche
Vokabelsuche

Mit dieser schnellen Übung wird das nötige Vokabular eingeführt, das für die folgenden Übungen benötigt wird.

**2** Bogen = fiche
Rollenspiel

In diesem Rollenspiel muss der mündlichen Kommunikation Vorrang vor der schriftlichen gegeben werden. Es handelt sich um ein Training der mündlichen Sprachfertigkeit in einer authentischen Kommunikationssituation. Trotzdem sollten die Teilnehmer Notizen machen, um ihre Ergebnisse im nach dieser Übung unverzichtbaren Plenum besser präsentieren zu können. Wie immer gilt auch hier: Mit dem Sprachwechsel findet auch ein Rollenwechsel statt!

**Vergleicht!** setzt beim Lernenden fortgeschrittene Grammatikkenntnisse voraus. Die „falschen Anfänger" benötigen Unterstützung und kompetente Hilfe des Dozenten. Eine strukturelle Variante wie z.B. „Du musst kommen, du kannst nicht dorthin fahren ..." sollte vorgeschlagen werden.

Spiel & Spaß/ Coin récré
Stadt, Land, Fluss / Jeu du bac

*coin-récré*    *Spiel & Spaß*

Schöne Ferien!

*Première rencontre  Erste Begegnung*

# Documents annexés / Zusatzmaterialien

1. Vorschläge für Tandem-Bildungen / Exemples de formation de tandems

a) Redensarten / expressions

| | | | |
|---|---|---|---|
| | | triste <br> ———— <br> comme un jour de pluie | rapide <br> ———— <br> comme l'éclair |
| | | bavard <br> ———— <br> comme une pie | fier <br> ———— <br> comme un coq |
| | | bête <br> ———— <br> commes ses pieds | aimable <br> ———— <br> comme une porte de prison |
| | | rusé <br> ———— <br> comme un renard | doux <br> ———— <br> comme un agneau |
| | | heureux <br> ———— <br> comme un poisson dans l'eau | myope <br> ———— <br> comme une taupe |

*Première rencontre   Erste Begegnung*

## b) Gute Wünsche / Bons vœux

| | | | |
|---|---|---|---|
| | | Guten Flug! | Viel Spaß! |
| | | Herzliches Beileid! | Gute Besserung! |
| | | Viel Glück! | Gute Fahrt! |
| | | Alles Gute zum Geburtstag! | Guten Appetit! |
| | | Gesundheit! | Schönes Wochenende! |

## c) Redewendungen um das Wetter / Expressions météo

| | | | |
|---|---|---|---|
| Es sieht nach Regen aus. | Das Wetter ist schön. | Le temps est à la pluie. | Il fait beau. |
| Es ist warm. | Es ist kalt. | Il fait chaud. | Il fait froid. |
| Es ist schwül. | Es regnet in Strömen. | Il fait lourd. | Il pleut à verse. |
| Aprilwetter. | Es friert Stein und Bein. | Les giboulées de mars. | Il gèle à pierre fendre. |
| Auf Regen folgt Sonnenschein. | Ich bin nass bis auf die Haut. | Après la pluie vient le beau temps. | Je suis trempé jusqu'aux os. |
| Es ist saukalt. | Es schneit in dicken Flocken. | Il fait un froid de canard. | Il neige à gros flocons. |

## 2. Règles du jeu / Spielregeln

1. **Formation des tandems**
   Travailler en tandem = travailler à deux
   Dans un premier temps, tu dois trouver ton partenaire. C'est le hasard qui décide.

2. **Phase d'élaboration**
   Tu dois ensuite, avec ton ou ta partenaire, travailler sur un sujet donné.
   Mais attention!!!
   Un tandem ne travaille que dans une langue à la fois. La durée de chaque séquence est fixée par l'enseignant/-e. Lorsque le travail se fait dans ta langue, ton rôle est d'aider, de conseiller et de corriger ton/ta partenaire. Tu deviens son professeur.

3. **Phase de présentation**
   Dans la troisième et dernière phase du cours, tous les participants se réunissent. Chaque tandem présente alors les résultats de son travail.


1. **Bildung der Arbeitstandems**
   Im Tandem arbeiten = zu zweit arbeiten
   Zuerst musst du deine/-n Partner/-in finden. Der Zufall entscheidet.

2. **Erarbeitungsphase**
   Dann musst du gemeinsam mit deinem Partner eine bestimmte Aufgabe lösen.
   Besonders wichtig!!!
   Ein Tandem arbeitet zunächst in einer Sprache und wechselt dann in die andere. Die Dauer der jeweiligen Sprachsequenzen wird von dem/der Lehrer/-in festgelegt. Wird in deiner Sprache gearbeitet, so hilfst du deinem Partner, berätst und verbesserst deinen Partner. Du bist dann sein Lehrer/seine Lehrerin.

3. **Präsentationsphase**
   In dieser letzten Phase des Unterrichts versammeln sich alle Kursteilnehmer. Jedes Tandem präsentiert dann die Ergebnisse seiner Arbeit.

## 3. Résultats d'un tandem : deux exemples /
## Ergebnisse eines Tandems: zwei Beispiele

Sujet:   découvrir la ville / la commune du partenaire /
Thema:  Die Stadt / Gemeinde des Partners entdecken

*Volgelsheim, unser Dorf* (participante française, niveau avancé)
Wir wohnen in Volgelsheim.

*Warum?*
Das ist reiner Zufall. Ich war berufstätig in der Gegend, mein Mann auch, also haben wir uns hier niedergelassen. Volgelsheim ist aber eine sonderliche Gemeinde: zu groß, um ein Dorf zu sein und zu klein, um eine Stadt zu sein, besonders weil die verschiedenen Teile nicht zusammenpassen.
Volgelsheim besteht aus einem alten Dorf, das seit dem Jahr 742 bekannt ist.
In den sechziger Jahren haben „originelle" Architekten „originelle" Hochhäuser gebaut. In den siebziger Jahren haben Leute wie wir ihr Haus in den Siedlungen gebaut.
Volgelsheim war ein evangelisches Dorf, die Einwohner gingen und gehen heute noch nach Algolsheim, um am Gottesdienst teilzunehmen.
Volgelsheim hatte früher wie Algolsheim eine Kirche. Aber niemand weiß, wo sie wirklich war. Der dreißigjährige Krieg hat sie zerstört.

*Und jetzt, an der Schwelle zum dritten Jahrtausend, was zieht die Leute noch nach Volgelsheim?*
Das ist ganz merkwürdig! Das ist ein Ereignis, das jeden Donnerstag um 19.00 Uhr stattfindet.

*Wo?*
Im Collège.

*Was ist denn das?*
Der Tandemkurs natürlich!


*Fribourg* (participante allemande niveau peu avancé)

Fribourg est une belle ville.
Il y a beaucoup de caniveaux et de fils électriques pour le tram. Les façades sont souvent peintes.
Il y a une cathédrale célèbre. C'est le seul monument qui n'a pas été détruit pendant la guerre.
Une rivière traverse la ville: c'est la Dreisam.
J'aimerais prendre le téléphérique pour aller faire du ski au Schauinsland. Dans cette station, il y a un bon restaurant où on peut manger un excellent ragoût de chevreuil. Sur la place du marché, il y a une fête. C'est la fête du vin.

## 4. Programme d'une rencontre tandem élèves entre Vittel et Badenweiler le 15 avril 1997
## Programm einer Schüler-Tandem-Begegnung zwischen Vittel und Badenweiler am 15. April 1997

**Jugendgemeinderat Vittel in Badenweiler 15. April 1997**

Altersgruppen:  10 Jugendliche 10-13 Jahre alt
13 Jugendliche 14-19 Jahre alt

### *Tagesprogramm*

11.00 Uhr:  Ankunft des Jugendgemeinderates Vittel

Begrüßung durch den Herrn Bürgermeister K.E. Engler mit anschließendem Rundgang durch Badenweiler

13.00 Uhr:  Mittagessen in Schweighof, im Café Schwarzmatt

15.00 Uhr:  Begegnung mit Jugendlichen aus Badenweiler D / F Tandemkurs im Rathaus.

16.00 Uhr:  Schwimmen „en tandem" in der Cassiopeia Therme oder freie Zeit mit dem Partner zur Verfügung

18.30 Uhr:  Abfahrt der Gäste aus Vittel auf dem Rathausplatz.

## 5. Ansprechpartner und nützliche Informationen / Interlocuteurs et informations utiles

**TRP Tandem-Regionalpartnerschaften**
**PRT Partenariat Regional Tandem**
Projektleitung: Dr. Frauke Bünde
Geschäftsstelle / Bureau de coordination
in der VHS Markgräflerland
Gerbergasse 8
79379 Müllheim

**Deutsch-Französisches Jugendwerk (DFJW)**
Rhöndorfer Straße 23
53604 Bad Honnef

**Institut für europäische Partnerschaften und internationale Zusammenarbeit (IPZ)**
Pützchens Chaussee 137
53229 Bonn

**Literatur:**
Städtepartnerschaften in der Praxis: Handbuch für Städte- und Schulpartnerschaften;
Praxis der Partnerschaftsarbeit; Erfahrungsberichte – Beispiele – Ressoucen – Förderprogramme,
Verzeichnis der 4500 Partnerschaften mit 84 Partnerländern / Institut für Europäische Partnerschaften und Internationale Zusammenarbeit (IPZ).
Dietmar M. Woesler, Bonn: Europa Union Verlag, 1998.
ISBN 3-7713-0561-6